T
French-En
M

Welcome to the first issue ￼ g11511
Crossword Magazine, specially created for new and
intermediate French language students.

There are 120 crosswords to keep you practised in French
vocabulary, all of the clues are in English. We have chosen
the words from a set of the most common French words,
words you will find very useful to know as you build your
French mastery.

Some notes about our clues: They are mostly direct English
translations, but for French words that are similar to the
English equivalent, we have provided more indirect clues
to make it a little more interesting to solve. For French
verb conjugations, we put the personal pronoun in
parenthesis before the English clue to indicate the
inflection of the answer. For the imperfect past tense, we
indicate this with *was/were* and the English present
participle (e.g. *(I) was swimming* for *nageais*). Clues for
subjunctive forms begin with *that*. Don't forget for
adjectives the answer might be in the masculine, feminine
or plural forms, so if you think you know the answer but it
doesn't fit, try all four forms.

We hope you enjoy our crosswords, a great way to
challenge your French knowledge and discover new words.

Across

1. tomato
3. cat
7. roof
8. flour
10. fish
13. knife
16. horse
17. oven
18. nine
19. mouse

Down

1. head
2. home
4. eight
5. thirteen
6. carrot
9. stomach
11. balcony
12. razor
14. skin
15. arm

Across

1. remained
3. high; raised
7. social calls
10. hard
11. leather
12. case, instance
13. who
14. linked
17. *(he, she)* drank; aim, goal
19. sure, certain
21. shout, scream
22. aptitudes, gifts
24. places
25. to punish

Down

1. to ravish
2. his, her
4. place, spot
5. *(I)* write
6. dry
8. *(I)* will go
9. above, on top
12. kitchen
14. moon
15. from a nearby location
16. painting, theatre, music etc
18. wish
20. water
23. no

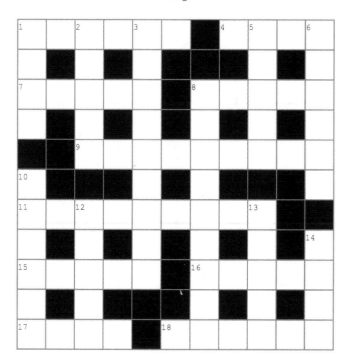

Across

1. shy
4. to deny
7. nights
8. group acting in unison
9. towel
11. large land mass
15. way of using; custom
16. sweat
17. to link
18. plaster

Down

1. held
2. hands
3. to distract
5. stupid
6. to order, to arrange
8. generally applicable
10. current, contemporary
12. cloud
13. (he, she) holds
14. weapon

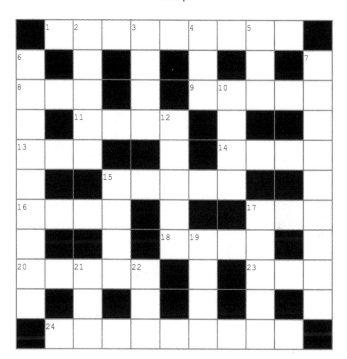

Across

1. tweezers
8. *(you)* go
9. piece of writing
11. ones
13. naked
14. laws
15. dream
16. *(I)* lead
17. your
18. short written message
20. nothingness, void
23. born
24. an old person

Down

2. an exit, a way out
3. rib; coast
4. early
5. they
6. event
7. persons
10. she
12. except, apart from; if not
15. bosom, breast
17. to hold; to keep
19. eye
21. acted
22. you

Across

2. to take back; resume
5. roof
6. (it) bores (me)
10. not active, unmoving
12. your
13. penny; (money) cent
14. weary, tired
15. evening; evening activity
17. living rooms
19. profit, takings
20. large land mass

Down

1. attacks
2. grape
3. street, road
4. two
7. innate character
8. being
9. need
11. king
14. rising
16. map
18. his, her, its; sound

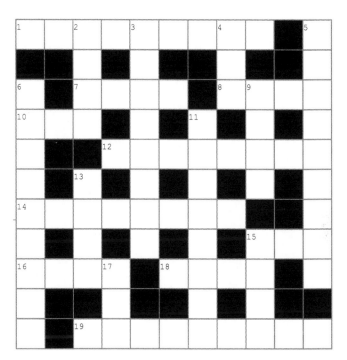

Across

1. something offered for advantage
7. wish
8. laws
10. life
12. a long time
14. footpath
15. you
16. circular
18. to say, tell
19. to cross, to go across

Down

2. cellar
3. persona
4. collar
5. (he, she) was possessing
6. adventures
9. eye
11. ruse, strategem
13. far, distant
15. such
17. hard

Across

1. showing grace, well dressed
4. curve; bow *(weapon)*
6. pin
8. toe
9. theirs
11. nose
12. low
15. green
16. guest
18. reflections
20. his, her
21. eyebrow

Down

1. season of the year
2. son-in-law
3. to kill
4. abbess
5. *(it)* was flowing
7. law
9. confines, borders
10. cosmos
13. to swallow
14. born
17. very
19. floor

1		2	3	■	4			5		6
	■	7		8		■			■	
9						■	10		11	
	■		■		■	12	■	13		
	■		14							■
15	16	17	■		■		■	18		19
■	20						■	■		
21		■		■		■	22		■	
23				■	24	25				
	■		■	■	26				■	
27				■	28					

Across

1. milk
4. alive, living
7. wish
9. sailors
10. (I) shoot, draw
13. wall
14. mattress
15. (he, she) is; east
18. the
20. burning; fervent
21. goose
23. to unite, to join
24. easy, simple
26. momentum; run-up
27. his, hers
28. (he, she) smells

Down

1. outer bound
2. drunk, inebriated
3. you
4. seen
5. beast
6. to kill
8. to pledge, commit
11. trick; cunning
12. in the center
16. healthy
17. thirteen
19. (that they) are
21. bear
22. thin, delicate
24. fairy
25. case, instance

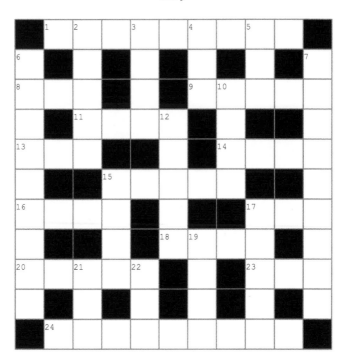

Across

1. vainly
8. worse
9. dew
11. place of building etc
13. him, he
14. part *(of a play)*
15. pasta
16. quay
17. by, by means of; at the rate of, per
18. touched, moved
20. they
23. you
24. results

Down

2. too, also, as well
3. night
4. wall
5. our
6. to apply
7. *(he, she)* was staying, living
10. bear
12. entered
15. worse
17. small
19. dead
21. linked
22. penny; *(money)* cent

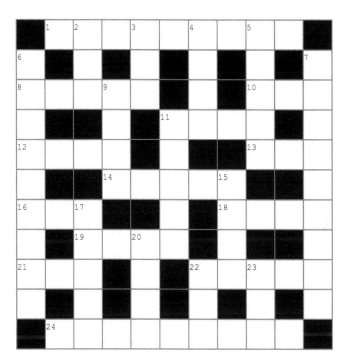

Across

1. to satisfy, content
8. painted
10. friend
11. Greek
12. peak, summit
13. your
14. remainder
16. curve; bow *(weapon)*
18. theirs
19. ethnic class of people
21. him, he
22. thank you
24. retreats; pensions

Down

2. yes
3. early
4. black
5. precise
6. a show
7. *(he, she)* would come
9. to deny
11. gesture
15. she
17. offence against the law
20. heart
22. me
23. street, road

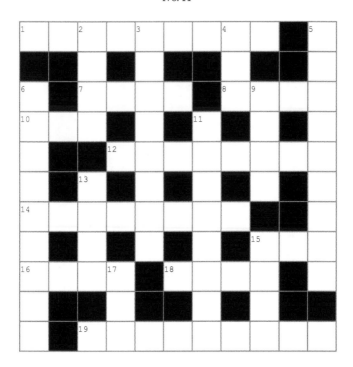

Across

1. to take back; resume
7. (I) go
8. drunk, inebriated
10. will, liking
12. attacks
14. resumptions, recoveries
15. donkey, ass
16. naked
18. underwear
19. proudly

Down

2. pavement
3. (it) had being
4. king
5. injuries
6. lack of knowledge
9. you
11. the same; alike
13. sword
15. acrid, pungent, bitter
17. one; oneself

Across

1. cup
3. (he, she) was daring
7. general; not particular
10. appearance, look
11. theirs
12. yes
13. naked
14. here
17. a, an
19. stringed instrument, harp
21. acted
22. turmoil, commotion
24. to wander
25. pasta

Down

1. tiger
2. his, her, its; sound
4. greed
5. earth
6. bad, wrong; pain
8. shields
9. the
12. to forget
14. unknown
15. beach
16. painting, theatre, music etc
18. (I) come
20. they
23. bed

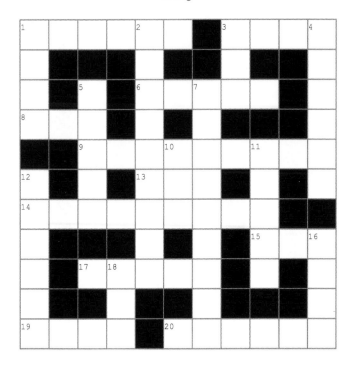

Across

1. enforcers of the law
3. act; action
6. full
8. killed
9. *(it)* is made up of
13. hard
14. *(he, she)* was preparing
15. curve; bow *(weapon)*
17. morning
19. waters
20. prayer

Down

1. share, portion
2. meanwhile; however
3. acted
4. to demand
5. sin
7. to train; to pull along
10. above, on top
11. sum
12. shoulder
16. rib; coast
18. to the

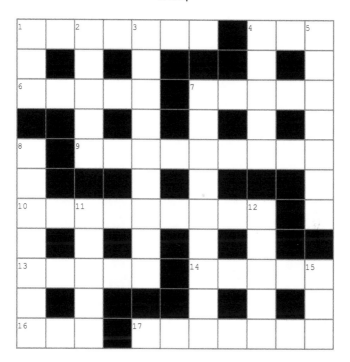

Across

1. to occupy
4. his, her
6. attempted
7. (I) get on, board
9. a putting to death
10. earthly
13. stupid
14. small boat
16. your
17. shirt

Down

1. (they) have
2. cane, stick
3. earlier
4. felt
5. hers
7. facial hair
8. reached
11. kidneys
12. boredom
15. (I) kill

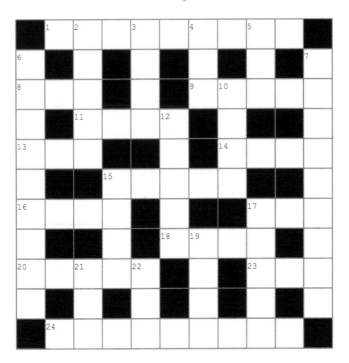

Across

1. *(he, she)* was looking
8. case, instance
9. Russian
11. *(he, she)* will have
13. friend
14. she
15. *(I)* believe
16. wing
17. by, by means of; at the rate of, per
18. dual; two person gun fight
20. three
23. acted
24. deadly; murderer

Down

2. try, trial
3. to act
4. hard
5. they
6. brilliant, dazzling
7. *(he, she)* was staying, living
10. ones
12. *(d'.....)*, first, primarily
15. this
17. square, plaza; space, room
19. to unite, to join
21. goose
22. certain, sure

Across

2. (faire ....) be careful
5. joy
6. turned
10. raised, brought up, bred
12. (I) kill
13. wall
14. appearance, look
15. bird
17. to enter
19. alone, lone
20. interior

Down

1. unfairness
2. restless, manic
3. (he, she) is; east
4. drunk, inebriated
7. to perform surgery
8. forever lasting
9. discount, reduction
11. seen
14. author
16. state, condition
18. king

Across

1. ball
3. gardens
7. angels
9. clear
10. (they) look for
12. power
14. thank you
15. saddle
16. consideration
17. they

Down

1. part of a tree
2. line
4. riches
5. (he, she) would go
6. above, on top
8. something offered for advantage
11. hair
12. fathers
13. zero, no, nil
14. sea

Across

1. bathtub
8. broken
10. neck
11. half
12. outdoor lodging
13. tea
14. fell
16. street, road
18. this
19. far, distant
21. such
22. known
24. necessary, vital

Down

2. friend
3. will, liking
4. wave
5. narrative, account
6. darkness
7. superior
9. seven
11. evil being
15. reflected sound
17. they
20. drunk, inebriated
22. this
23. naked

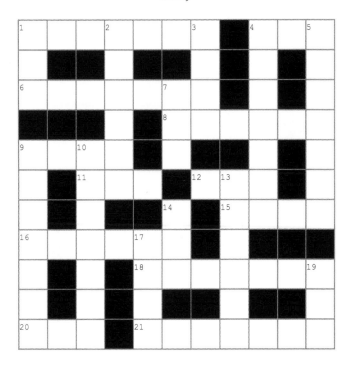

Across

1. oath, pledge
4. duke
6. to hold back, detain
8. rising
9. all; everything
11. nose
12. *(he, she)* puts
15. slim
16. shore
18. to calculate roughly
20. naked
21. quietness

Down

1. certain, sure
2. silent
3. *(I)* shoot, draw
4. defeat
5. castle
7. they
9. ground, landscape
10. cosmos
13. emperor's realm
14. of the, some
17. people
19. street, road

Across

1. sworn
3. froth, foam; moss
7. grandstand
9. month of the year
10. naked
12. eager, greedy
15. feet
16. weary, tired
18. wall
19. shirt
21. sisters
22. *(it)* is necessary

Down

1. throwing
2. king
4. *(I)* dare
5. sleep
6. banishment
8. way of using; custom
11. magnificent, splendid
13. an exit, a way out
14. appearance, look; facet, angle
17. pile, heap
19. because, since
20. *(he, she)* will go

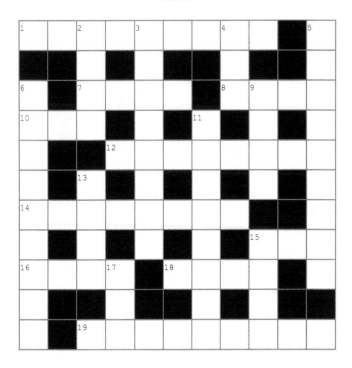

Across

1. third
7. (I) must
8. compass point
10. donkey, ass
12. reports
14. upkeep; maintaining
15. cheerful, merry
16. names
18. bottom supporting part
19. sadness

Down

2. wave
3. next, following
4. my
5. productive enterprise
6. buildings
9. bear
11. (he, she) was calling
13. movie
15. people
17. above, on top

Across

1. *(he, she)* was preparing
7. went
8. easy
10. *(that it)* were
12. seeming
14. authority
15. life
16. *(he, she)* will have
18. act; action
19. crossing

Down

2. state, condition
3. elsewhere
4. *(he, she)* will go
5. critters
6. frightening
9. *(I)* will go
11. impediment, barrier
13. to take away, remove
15. towards
17. appearance, look

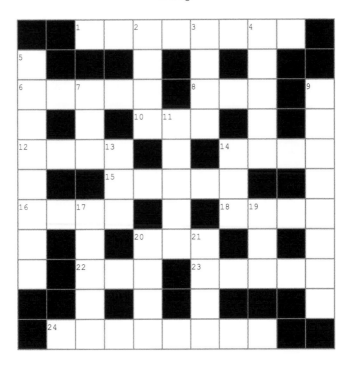

Across

1. striking
6. sum, total; nap
8. nil
10. this
12. ease
14. fear
15. asylum
16. confession, admission
18. to use; to wear *(down)*
20. your
22. fire
23. united
24. coarse

Down

2. with
3. bridge
4. zero, no, nil
5. *(he, she)* was trying
7. my
9. something unexpected
11. *(I)* demand, require
13. water
14. not much, little
17. hell
19. one; oneself
20. killed
21. suffered

Across

1. acute
4. middle; setting, environment
7. angel
9. (electrical) plugs, outlets
10. (I) like
13. your
14. Italian
15. bag
18. street, road
20. wish, will
21. not much, little
23. (he, she) will have
24. (I) fear
26. slow
27. came; occurred
28. gender

Down

1. nearby
2. profit, takings
3. ones
4. my
5. to mimic, copy
6. ones
8. management
11. slim
12. fence, hedge, wall
16. confession, admission
17. to run
19. (I) have being
21. daddy
22. place of building etc
24. key
25. years

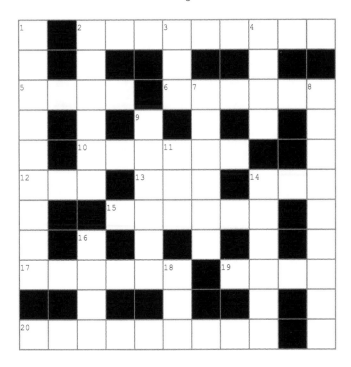

Across

2. *(he, she)* was waiting
5. to laugh
6. sad
10. to pour
12. killed
13. bowl
14. sight, view
15. gate; grate
17. discount, reduction
19. *(I)* will go
20. injuries

Down

1. manager, executive
2. came; occurred
3. *(he, she)* is; east
4. easy
7. lane, alley
8. what is excepted or taken out from others
9. trees
11. one; oneself
14. glasses
16. a *(female)* friend
18. water

Across

1. *(he, she)* will say
4. good
7. ease
9. deadly
10. shelter
13. *(I)* read
14. to touch
15. naked
18. dry
20. to smile
21. not much, little
23. has weapons
24. rising
26. *(I)* will go
27. risk
28. meaning

Down

1. tomorrow
2. not common
3. *(that he, she)* has
4. beautiful
5. aristocrats
6. *(I)* am
8. aid, assistance, help
11. to laugh
12. to move aside
16. to use; to wear *(down)*
17. submitted
19. certainly
21. *(number)* even
22. hedge
24. *(it)* links
25. *(you)* go

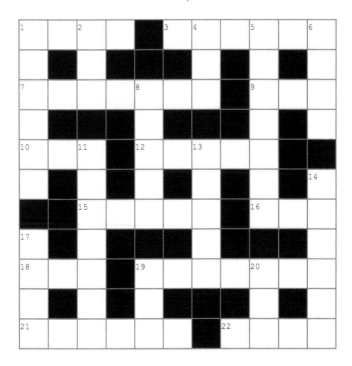

Across

1. to flee, run away
3. one who dies for a cause
7. chairs
9. nil
10. *(it)* links
12. to build
15. strengths
16. one; oneself
18. duke
19. surrounded
21. error; mistake
22. *(he, she)* will be

Down

1. easy, simple
2. *(he, she)* will go
4. years
5. tender
6. part *(of a play)*
8. to suffer, undergo
11. to erase
13. *(he, she)* holds
14. movie theater
17. notion
19. water
20. a, an

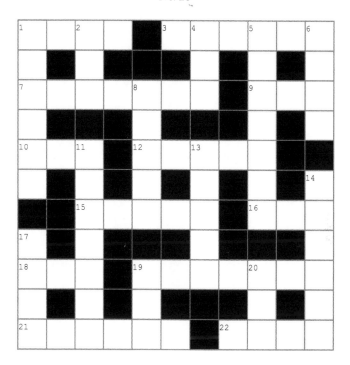

Across

1. bitter; sour
3. given
7. (I) tie, fasten
9. me
10. these
12. (he, she) will see
15. had to
16. your
18. one; oneself
19. music
21. actual, genuine
22. helped

Down

1. advanced
2. (he, she) is; east
4. (I) dare
5. (he, she) was naming
6. banishment
8. to do with civilians, not military or religion
11. to be enough
13. wheels
14. removed
17. to dare
19. bad, wrong; pain
20. who

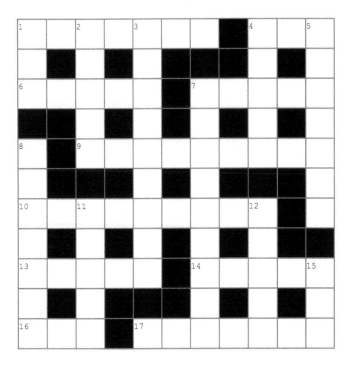

Across

1. *(he, she)* was offering
4. *(they)* have
6. student
7. positioned
9. outside
10. to notice
13. alas!
14. sweet
16. certain, sure
17. hammer

Down

1. dared
2. proud
3. adventures
4. thunderstorm
5. hypothesis
7. to convince to do something
8. steps
11. to mix
12. highway, road
15. water

Across

1. count, tally
4. flow, stream
7. to wander
8. spite
9. birth
11. knights
15. surplus, surfeit
16. tight
17. to kill
18. toe

Down

1. at the house of
2. sailor
3. awful, horrible
5. rabbit
6. titles
8. to dispense
10. tone of speech
12. cow
13. kind, type
14. actual

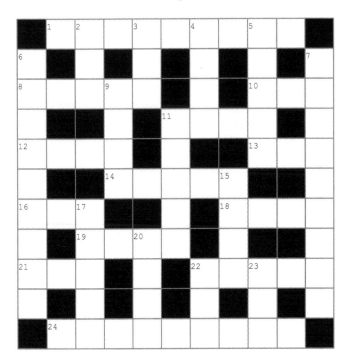

Across

1. magistrate
8. weight
10. of the, some
11. judge
12. beloved, cherished, dear; costly
13. street, road
14. time; weather
16. *(that he, she)* has
18. month
19. help, aid
21. him, he
22. jacket
24. plural of monsieur

Down

2. friend
3. they
4. hole
5. to help
6. a show
7. necessary, vital
9. *(he, she)* sleeps
11. leg
15. prudent, cautious
17. to shut up, quieten
20. in
22. sight, view
23. certain, sure

Across

1. *(I)* speak
3. broken
7. *(the)* least
10. sight, view
11. secured area for animals
12. appearance, look
13. six
14. *(I)* dare
17. donkey, ass
19. bitter; sour
21. gift
22. telescope
24. sister
25. to end, complete

Down

1. pump
2. king
4. the other way around
5. high; raised
6. curve; bow *(weapon)*
8. nut
9. water
12. ease
14. eleven
15. formerly, long ago
16. salt
18. flower
20. street, road
23. your

Across

1. body
3. slim
7. evenings
10. seen
11. this
12. wall
13. fairy
14. salt
17. heap, pile
19. to; so that
21. end; fine
22. when *(at a time when)*
24. sister
25. asylum

Down

1. *(I)* cease
2. king
4. ships
5. try, trial
6. dry
8. wheel
9. his, her
12. mixture
14. *(I)* know
15. nonacceptance
16. thread, wire
18. tail
20. our
23. who

Across

1. to tie, fasten
6. sum
8. here
10. his, her, its; sound
12. god, deity
14. wind
15. nephew
16. pile, heap
18. she
20. the
22. him, he
23. farewell
24. a lie or falsehood

Down

2. such
3. corner
4. *(I)* demand, require
5. student
7. *(I)* kill
9. interview
11. *(I)* open
13. ones
14. sight, view
17. driveway
19. law
20. related, linked
21. healthy

Across

1. you
4. to perform surgery
7. (I) am
9. not active, unmoving
10. (I) shoot, draw
13. nil
14. lessons
15. bag
18. dry
20. offices
21. shout, scream
23. ease
24. look, glance
26. (I) will go
27. (you) take
28. notion

Down

1. veils; sails
2. to use; to wear (down)
3. above, on top
4. (I) dare
5. wreckage
6. actual
8. Italian
11. trick; cunning
12. to ensure
16. shelter
17. thigh
19. ash
21. outdoor lodging
22. ugly
24. rice
25. cheerful, merry

Across

1. candles
4. ball
6. (he, she) was chatting
8. letter
9. wax, polish
11. dared
12. name
15. led
16. evening; evening activity
18. wars
20. bed
21. to leave

Down

1. beak
2. gestures
3. place of building etc
4. baptism
5. freedom
7. they
9. crystal
10. tap
13. shadows
14. fire
17. equal
19. certain, sure

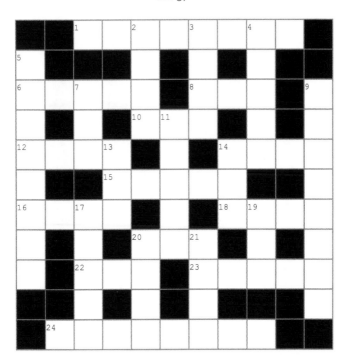

Across

1. to remember
6. Arabic
8. weary, tired
10. street, road
12. front of head
14. people
15. steel
16. confession, admission
18. state, condition
20. beautiful
22. king
23. farewell
24. *(they)* take

Down

2. to use; to wear *(down)*
3. she
4. an exit, a way out
5. shipwreck
7. curve; bow *(weapon)*
9. social caller
11. useful
13. water
14. will, liking
17. to wander
19. you
20. well
21. blade

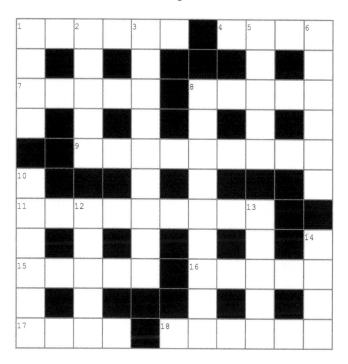

Across

1. *(they)* know
4. large town
7. stupid
8. flesh
9. isolation
11. cases, examples
15. sale
16. stingy, miserly
17. banishment
18. *(he, she)* waits, expects

Down

1. underwear
2. here is
3. of a nation
5. picture
6. written
8. *(he, she)* was looking for
10. fever
12. felt
13. stadium
14. *(he, she)* loses

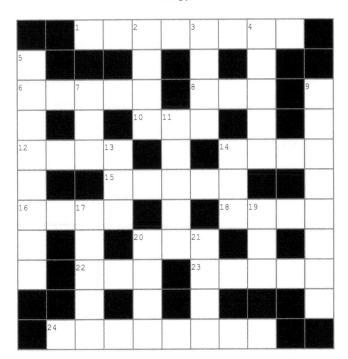

Across

1. *(he, she)* was thinking of, dreaming
6. to last *(for)*
8. ones
10. ten
12. actual
14. two
15. farewell
16. arm
18. receipt
20. season of the year
22. beautiful
23. not kind
24. youth

Down

2. compass point
3. waters
4. an exit, a way out
5. lovable
7. street, road
9. to which
11. stupid
13. weary, tired
14. hard
17. tree
19. water
20. momentum; run-up
21. shields

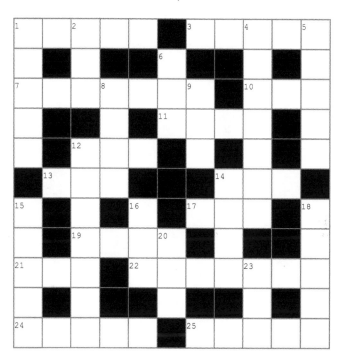

Across

1. shots, knocks
3. Arabic
7. perils, dangers
10. *(they)* have
11. theirs
12. by, by means of; at the rate of, per
13. one; oneself
14. nose
17. above, on top
19. below, under
21. our
22. supported
24. monkey
25. place with rooms to rent

Down

1. body
2. ones
4. to approach
5. entered
6. salt
8. quay
9. dry
12. fish
14. night
15. funds
16. seen
18. threshold, doorstep
20. floor
23. *(he, she)* is; east

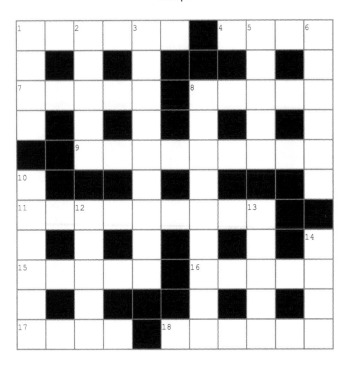

Across

1. brush
4. area, region
7. table
8. whip
9. *(it)* interests
11. *(he, she)* was looking for
15. ours
16. to wander
17. his, hers
18. extensive; widespread

Down

1. beast
2. oversight; oblivion
3. a show
5. eggs
6. to enter
8. *(they)* were forming
10. *(theatre)* stages
12. between
13. dictator, despot
14. hole

Across

1. beaten
3. big gun
7. moment
10. vile
11. suffered
12. appearance, look
13. bed
14. fire
17. your
19. oldest, elder
21. his, her, its; sound
22. sculptures
24. high; raised
25. feet

Down

1. bridle
2. heap, pile
4. ships
5. zero, no, nil
6. ones
8. roof
9. killed
12. ease
14. strong; very much
15. the past
16. years
18. red flowers
20. season of the year
23. a, an

Across

1. kitchen
4. faith
6. (I) was finding
8. glory
9. stem
11. curve; bow (weapon)
12. salt
15. gender
16. mine
18. (we) would
20. street, road
21. crossed, got over

Down

1. this
2. to save
3. banishment
4. family
5. enormous, huge
7. acted
9. to deceive, trick
10. place for exhibiting art
13. spy
14. not much, little
17. naive
19. one; oneself

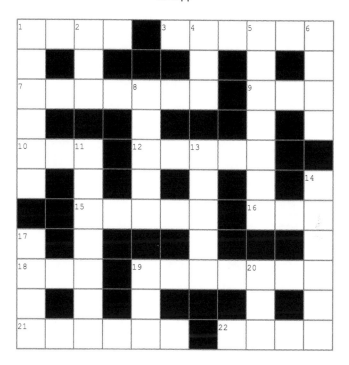

Across

1. honey
3. to dance
7. (*I*) would know
9. weary, tired
10. ones
12. rabbit
15. chiefs
16. they
18. wine
19. parts
21. hearts
22. bottom supporting part

Down

1. disguise
2. water
4. years
5. quietness
6. trick; cunning
8. (*that I*) go
11. unit of time
13. to put down
14. (*I*) have being
17. with
19. by, by means of; at the rate of, per
20. (*he, she*) will go

Across

1. peak, summit
3. conception
7. situated
9. stadium
10. frightening
12. an old person
15. (I) burn
16. sand
17. not active, unmoving
18. two

Down

1. to cease
2. motive
4. impediments
5. (he, she) would go
6. naked
8. equally
11. farewell
12. vault
13. tree
14. shelter

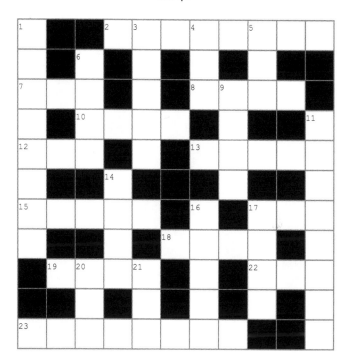

Across

2. to relieve, soothe
7. vile
8. leather
10. ease
12. (he, she) puts
13. proud
15. ray
17. my
18. dress
19. a group association; used in golf
22. heap, pile
23. pillow

Down

1. month
3. compass point
4. lake
5. cheerful, merry
6. flat
9. to unite, to join
11. youth
14. wish
16. post office; mail
17. (I) put
20. (it) links
21. beautiful

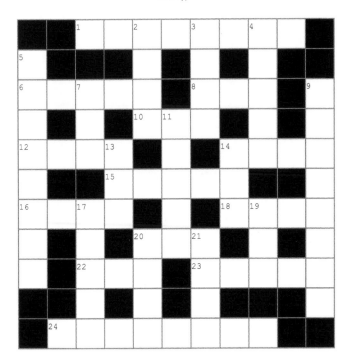

Across

1. shipwreck
6. an electric light
8. vile
10. one; oneself
12. glove
14. sword
15. operative, officer
16. we
18. shields
20. shout, scream
22. *(he, she)* will go
23. wish
24. generous, kind

Down

2. ones
3. thrilled, delighted
4. gait of horse
5. showing grace, well dressed
7. my
9. wound
11. smell, odour
13. heap, pile
14. season of the year
17. whole ones
19. case, instance
20. coffee
21. notion

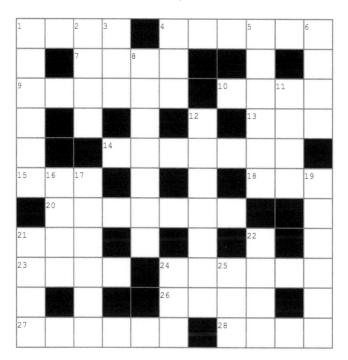

Across

1. lot, fate; *(he, she)* goes out
4. dogs
7. dawn
9. years
10. appeared
13. bad, wrong; pain
14. to dominate
15. heap, pile
18. clean, tidy; clear
20. *(the)* least
21. ball
23. to dare
24. *(you)* remain
26. to use; to wear *(down)*
27. delirium
28. gender

Down

1. social standing
2. row
3. killed
4. these
5. examination
6. alone, lone
8. needs
11. not common
12. stones
16. pile, heap
17. sun
19. sad
21. jump, bound
22. to be
24. street, road
25. his, her

No. 49

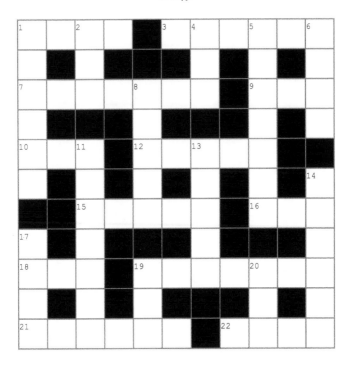

Across

1. *(it)* is necessary
3. the reverse, back; to, towards
7. consideration
9. collar
10. because, since
12. kidneys
15. kept
16. king
18. sea
19. small town
21. lane, alley
22. prize; price

Down

1. ferocious; wild
2. ones
4. clean, tidy; clear
5. to pardon
6. dirty
8. to wander
11. *(I)* watch
13. perfect
14. grotesque, vile, hideous
17. bitter; sour
19. flight; theft
20. appearance, look

Across

1. *(it)* was worth
4. care
7. confession, admission
9. thrilled, delighted
11. hidden, undisclosed
12. above, on top
14. spring *(coil)*
15. footstep; not
16. *(I)* kill
18. data
20. clean, tidy; clear
22. climate
25. husband
26. ethnic class of people
27. actual
28. sculpture

Down

1. towards
2. lips
3. heap, pile
4. dry
5. bear
6. innate character
8. *(we)* will see
10. *(he, she)* will have
13. stomach
15. to put, position
16. *(he, she)* was holding
17. to use; to wear *(down)*
19. to say, tell
21. stem
23. bad, wrong; pain
24. your

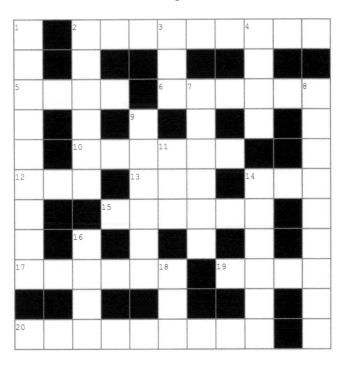

Across

2. advantages
5. shock
6. sent
10. to render, make, pay *(a visit)*
12. worse
13. name
14. shout, scream
15. threat
17. alarm clock
19. noon
20. mechanical

Down

1. to accomplish
2. loves, passions
3. naked
4. big, thick, fat
7. according to norms
8. writers
9. foe
11. gift
14. cherry
16. with
18. law

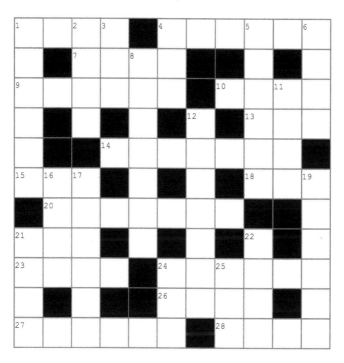

Across

1. *(he, she)* loses
4. work
7. bear
9. evening; evening activity
10. completed
13. floor
14. *(he, she)* was making
15. his, her
18. clean, tidy; clear
20. laundry
21. fold; pleat
23. slow
24. rising
26. *(I)* will go
27. thirteen
28. meaning

Down

1. past
2. kings
3. hard
4. *(I)* dare
5. neighbor
6. banishment
8. to repair
11. short written message
12. to calculate roughly
16. she
17. saintly
19. texts
21. flat
22. hedge
24. *(it)* links
25. *(you)* go

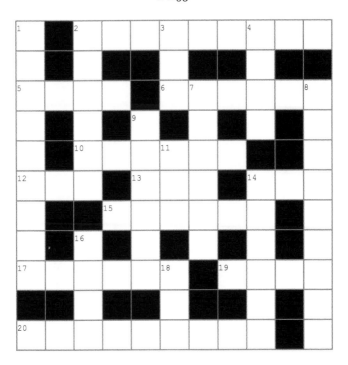

Across

2. property
5. block
6. fox
10. precise
12. word
13. month of the year
14. end; fine
15. to close, shut
17. *(he, she)* was shooting, drawing
19. mineral excavation
20. to submit

Down

1. freely
2. project
3. pure
4. state, condition
7. respect, regard
8. *(they)* were giving
9. Saturday
11. because, since
14. cold
16. hole
18. early

Across

1. judged
3. offences against the law
7. *(you)* let, leave
9. certain, sure
10. water
12. to yield; to give way
15. perfect
16. compass point
18. *(I)* dare
19. to paint.
21. razor
22. prize; price

Down

1. pretty
2. cheerful, merry
4. rice
5. measurements
6. lot, fate; *(he, she)* goes out
8. sacred
11. cosmos
13. delay
14. farewell
17. oven
19. fold; pleat
20. hard

Across

1. momentum; run-up
3. religious officials
7. an electric light
9. nephew
10. servant
12. maintenance
15. except, apart from; if not
16. traced
17. wreckage
18. such

Down

1. church
2. to love, like
4. slowly
5. to dream
6. shields
8. being
11. years
12. boredom
13. picture
14. to dare

Across

1. packet
4. close to, nearly
7. went
9. map
11. *(that they)* are
12. *(that he, she)* has
14. pride
15. a, an
16. street, road
18. collections
20. your
22. lines
25. to say, tell
26. *(he, she)* will have
27. dirty
28. movie theater

Down

1. daddy
2. four
3. heap, pile
4. fold; pleat
5. actual
6. located
8. reasonable
10. large cat
13. worker, labourer
15. useful
16. taken off, removed; withdrawn
17. to use; to wear *(down)*
19. equal
21. *(he, she)* will be
23. naked
24. bag

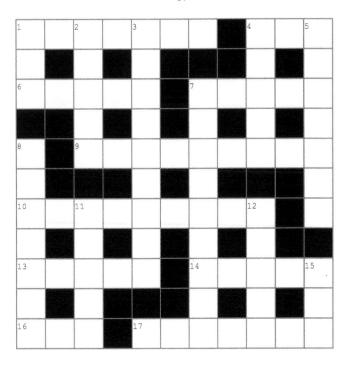

Across

1. skill, adroitness; location
4. dry
6. stupid
7. hatred, hate
9. magnificent
10. eyelids
13. black
14. stick
16. a, an
17. hers

Down

1. acted
2. kidneys
3. a body in orbit
4. followed
5. hair
7. having honor
8. answered
11. factory
12. silken material
15. naked

Across

1. held
4. aisles, paths
7. to unite, to join
9. customer
10. (I) will go
13. goose
14. (I) was thinking
15. bag
18. such
20. false
21. nest
23. ones
24. (they) love
26. Greek
27. (I) will know
28. (I) shoot, draw

Down

1. spots
2. night
3. a, an
4. painting, theatre, music etc
5. narrow
6. silk
8. the other way around
11. ease
12. to sit down
16. to; so that
17. present, gift
19. lettuce
21. naked
22. this
24. acted
25. (he, she) puts

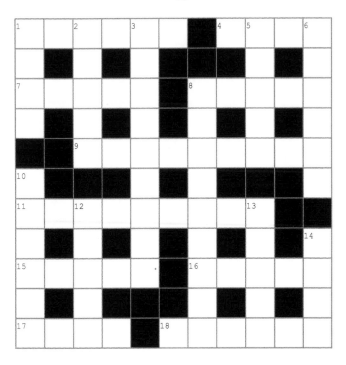

Across

1. offences against the law
4. month
7. field
8. seized
9. of the highest quality, splendid
11. to know of
15. before
16. an exit, a way out
17. actual
18. discount, reduction

Down

1. this
2. picture
3. (he, she) was preventing
5. asylum
6. saintly
8. solitary
10. lightning
12. cloud
13. try, trial
14. gender

Across

1. brake
3. meal
7. abrupt
10. early
11. suffered
12. fire
13. his, her, its; sound
14. clean, tidy; clear
17. case, instance
19. mine
21. that
22. outer part of solid
24. entered
25. offence against the law

Down

1. tale, parable
2. water
4. small
5. situated
6. seen
8. his, hers
9. they
12. *(they)* form
14. naive
15. shell
16. your
18. tail
20. nil
23. friend

Across

1. boy; waiter
4. cat
7. (I) will go
9. sky blue
11. desert
12. floor
14. nervous
15. sea
16. back
18. stones
20. his, her
22. airplanes
25. to be
26. place of building etc
27. sword
28. luck

Down

1. fat
2. to roll; to revolve
3. nest
4. case, instance
5. yesterday
6. titles
8. to reduce
10. area, region
13. (they) were having
15. threatened
16. destiny, fate
17. to dare
19. easy
21. gender
23. goose
24. dry

Across

1. tactic, plan
7. closed, shut
8. alone, lone
10. (I) dare
12. attacks
14. treason
15. donkey, ass
16. healthy
18. movie
19. to knock over; to turn over

Down

2. ethnic class of people
3. footpath
4. they
5. illustrious
6. politeness
9. waters
11. preferred
13. thrilled, delighted
15. souls
17. born

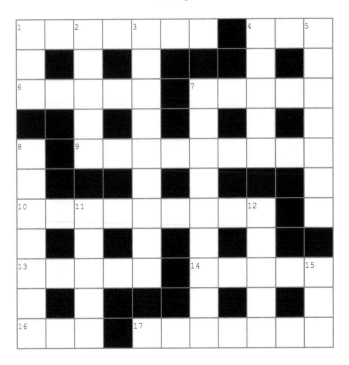

Across

1. disappeared
4. painting, theatre, music etc
6. nights
7. *(he, she)* will see
9. earthly
10. forever lasting
13. thunderstorm
14. attack, sudden fit
16. silly, foolish
17. radiant

Down

1. gift
2. high religious title
3. insurance, guarantee
4. arrest; stop
5. through, across
7. an old person
8. treasures
11. precise
12. ink
15. six

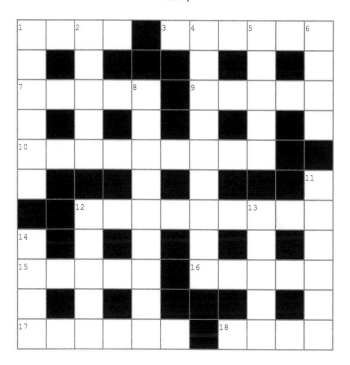

Across

1. voice
3. trip, travel
7. seized
9. (I) will be
10. (he.she) was hearing
12. of the highest quality, splendid
15. godlike
16. served
17. to demand
18. ready; loan

Down

1. huge, immense
2. stupid
4. impediments
5. arrest; stop
6. banishment
8. absence of guilt
11. extinct
12. sending, dispatch
13. to wander
14. notion

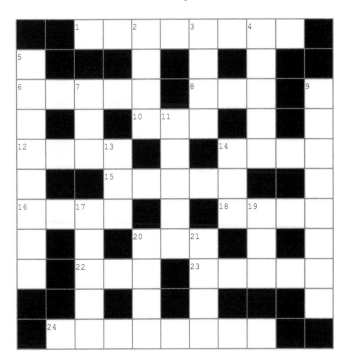

Across

1. to escape
6. to shut up, quieten
8. worse
10. street, road
12. a *(female)* friend
14. well
15. tout de ....., straight away
16. glove
18. moon
20. sea
22. you
23. smell, odour
24. youth

Down

2. yesterday
3. used for smoking
4. try, trial
5. strange
7. here
9. honors
11. useful
13. *(he, she)* is; east
14. beautiful
17. ours
19. a, an
20. mine
21. kings

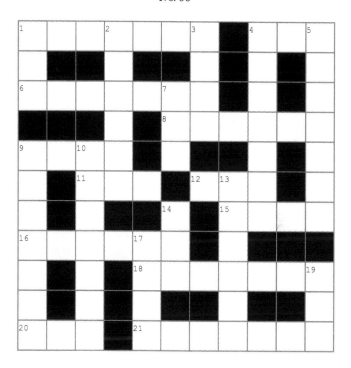

Across

1. freedom
4. fold; pleat
6. community
8. work
9. worse
11. curve; bow *(weapon)*
12. one; oneself
15. *(I)* pray
16. MP
18. griefs
20. early
21. tightening

Down

1. weary, tired
2. to demand
3. sword
4. to be able to
5. drunkenness
7. your
9. *(he, she)* was losing; *(he, she)* was losing
10. report
13. to perform surgery
14. fairy
17. very
19. silly, foolish

Across

1. to be late
4. to deny
7. stupid
8. thick
9. towel
11. research
15. sweat
16. book
17. lot, fate; (he, she) goes out
18. retained

Down

1. roof
2. kidneys
3. outside
5. (he, she) would go
6. to stay; to remain
8. spark
10. (electrical) plugs, outlets
12. heart
13. envy
14. came

Across

1. brilliant, dazzling
7. to dare
8. evening
10. no
12. whole
14. wills, desires
15. my
16. gifts
18. (I) fix, fasten
19. process, operation

Down

2. large cat
3. (they) hold
4. heap, pile
5. addressing
6. individuals
9. bear
11. faithfulness
13. map
15. slim
17. certain, sure

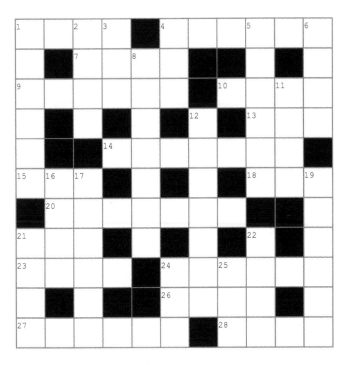

Across

1. related, linked
4. delivered
7. fashion
9. alone, only
10. equal
13. (it) links
14. fast
15. your
18. dry
20. soldiers
21. iron
23. has weapons
24. loves, passions
26. (he, she) makes, renders
27. aptitude, skill
28. such

Down

1. (he, she) was reading
2. touched, moved
3. floor
4. the
5. rules
6. she
8. request
11. ease
12. injured party
16. to dare
17. according to norms
19. reasons for an event
21. fact
22. rough, harsh
24. painting, theatre, music etc
25. (they) have

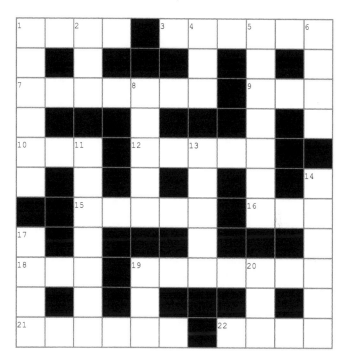

Across

1. his, hers
3. *(you)* speak
7. to feed
9. sea
10. here
12. *(that they)* have
15. active
16. his, her, its; sound
18. me
19. division, sharing
21. resonant, echoing
22. acute

Down

1. to smell; to feel
2. water
4. appearance, look
5. confines, borders
6. zero
8. laughing
11. Italian
13. hell
14. ring
17. pile, heap
19. by, by means of; at the rate of, per
20. acted

Across

1. new
4. *(he, she)* wants
7. wholenes
8. cow
9. only
11. to wake up
15. morning
16. eagle
17. late
18. farewell

Down

1. we
2. united
3. a putting to death
5. ink
6. thirty
8. an old person
10. swift, quick
12. to cast a ballot
13. reign; royalty
14. lights

Across

1. seven
4. to make fun of
7. blade
9. to kiss
10. son
13. (it) links
14. to find
15. lake
18. dry
20. to feed
21. numbre of years old
23. (I) can
24. a citrus fruit
26. meaning
27. tried
28. (I) am

Down

1. subtle
2. folds
3. heap, pile
4. sea
5. useful
6. trick; cunning
8. murder
11. to read
12. light
16. angel
17. hearts
19. dogs
21. acrid, pungent, bitter
22. unknown
24. dared
25. years

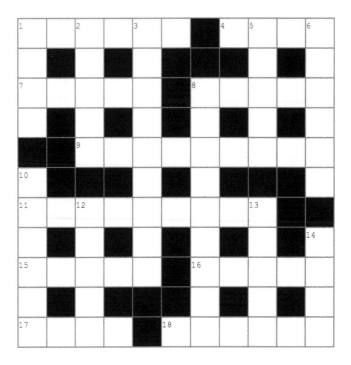

Across

1. listened
4. (I) do
7. star
8. courageous; honest
9. to kiss
11. cases, examples
15. stupid
16. (I) demand, require
17. to deny
18. came; occurred

Down

1. equal
2. as well as, besides, on top of
3. (he, she) was shaking
5. (I) was having
6. sisters
8. whiteness
10. eyesight
12. tout de ....., straight away
13. followed
14. thrown

Across

1. stamp
4. appeared
7. fathers
8. day of the week
9. magnificent
11. despot, tyrant
15. rest
16. eager, greedy
17. streets
18. ring

Down

1. sort, kind
2. dead
3. results
5. in this way, thus
6. useful
8. the day after
10. to cherish
12. copy
13. ruination, wreck
14. skin

Across

1. his, hers
4. (it) will have to
7. dawn
9. to sink
10. to be
13. appearance, look
14. to feed
15. bag
18. the
20. currency
21. goose
23. alone, lone
24. godlike
26. eye
27. (you) remain
28. raised

Down

1. success
2. waters
3. nil
4. iron
5. fine point
6. bitter; sour
8. needs
11. to laugh
12. meadow
16. a (female) friend
17. hearts
19. safety
21. to dare
22. wing
24. back
25. vile

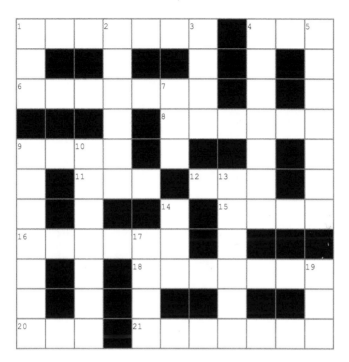

Across

1. making
4. silly, foolish
6. conceived
8. spirit; mind
9. bottom supporting part
11. painting, theatre, music etc
12. clean, tidy; clear
15. gender
16. vehicles on the road
18. old
20. (I) kill
21. heard; understood

Down

1. faith
2. to put a signature on
3. killed
4. hidden, cryptic
5. to intentionally inflict pain
7. nose
9. (he, she) was beating
10. wage
13. respect, regard
14. here
17. drunk, inebriated
19. water

Across

1. corner
4. to shudder
7. hard
9. treasure
10. peak, summit
13. his, her
14. song
15. nest
18. nil
20. griefs
21. (you) go
23. easy
24. placed
26. slow
27. foe
28. meaning

Down

1. lemon
2. notion
3. naked
4. iron
5. home
6. streets
8. rocks
11. slim
12. unused; useless
16. (I) will go
17. drawing
19. light
21. mud
22. act; action
24. fold; pleat
25. years

Across

1. razor
4. to kill
7. soup
8. rail vehicle
9. interior
11. conqueror
15. track
16. cloth; canvas
17. streets
18. other side; backhand

Down

1. trick; cunning
2. worry, concern
3. exactly the same
5. way of using; custom
6. fox
8. earthly
10. to avoid
12. picture
13. queen
14. (I) put

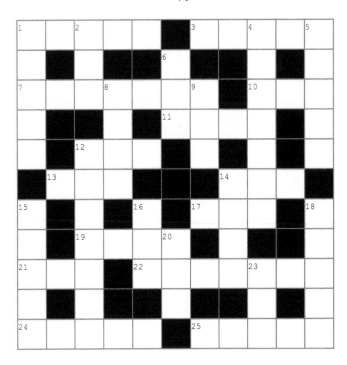

Across
1. Russian
3. heart
7. guardian
10. the
11. luxury
12. not much, little
13. bad, wrong; pain
14. *(he, she)* puts
17. because, since
19. time
21. neck
22. sovereign states
24. sequence of items
25. perfect

Down
1. reign; royalty
2. above, on top
4. to remove, take off
5. dew
6. such
8. dual; two person gun fight
9. nil
12. perfumes
14. husband
15. from a nearby location
16. end; fine
18. rifle
20. bag
23. dared

Across

1. devices
7. (they) go
8. to kill
10. key
12. (it) contains
14. woes, troubles
15. him, he
16. link
18. noon
19. endless, eternal

Down

2. pavement
3. to resend
4. bed
5. tactic, plan
6. to accomplish
9. ones
11. a long time
13. she
15. place
17. born

Across

1. eye
4. waves
7. half
9. poetry
10. noon
13. bed
14. words
15. season of the year
18. his, her
20. Italian
21. numbre of years old
23. led
24. toe
26. to use; to wear *(down)*
27. *(I)* will know
28. *(I)* know

Down

1. opposed
2. notion
3. the
4. life
5. useful
6. *(he, she)* knows
8. supernatural event
11. *(that I)* say
12. players
16. stem
17. extensive; widespread
19. alone, only
21. souls
22. *(he, she)* will be
24. yes
25. your

Across

1. supporters, followers of a cause
7. came
8. milk
10. killed
12. herd
14. career
15. that
16. link
18. receipt
19. unfairness

Down

2. dreamt
3. (he, she) was unknowing
4. nil
5. to divert
6. spark
9. bitter; sour
11. workers
13. weapon
15. what
17. no

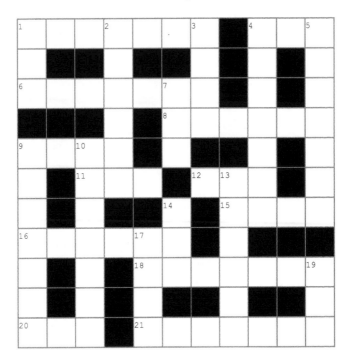

Across

1. *(it)* was flowing
4. small container
6. *(they)* remain
8. work
9. evening
11. such
12. acted
15. the humanities
16. forced to do
18. to come back
20. his, her, its; sound
21. comedy

Down

1. because, since
2. letter
3. head
4. to foresee
5. aptitudes, gifts
7. our
9. aid, assistance, help
10. Italian
13. glee, gladness
14. fairy
17. Greek
19. street, road

Across

1. useful
4. streets
7. try, trial
8. monk
9. outside
11. necessary, vital
15. rain
16. book
17. she
18. spirit; mind

Down

1. ones
2. an exit, a way out
3. being
5. useful
6. sisters
8. large walls
10. place of worship
12. threshold, doorstep
13. to wash
14. hundred

Across

1. (we) see
4. (I) pay
7. to dare
9. too, too much
11. all
12. water
14. tie
15. (he, she) puts
16. will, liking
18. river
20. (they) have
22. airplanes
25. rough, harsh
26. place of building etc
27. sword
28. subjects

Down

1. ballot
2. yoghurt
3. silly, foolish
4. not much, little
5. the humanities
6. tried
8. (he, she) was going out
10. ethnic class of people
13. (they) were having
15. threatened
16. a collection
17. (he, she) makes, renders
19. easy
21. such
23. goose
24. his, her

No. 86

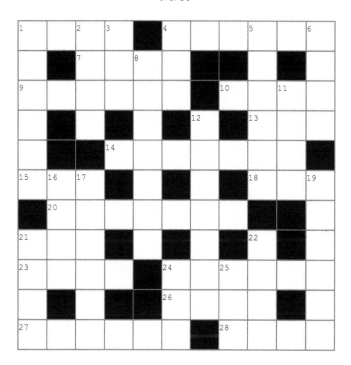

Across

1. quick, fast
4. pressed on
7. thrilled, delighted
9. to admit
10. large town
13. *(it)* links
14. necklace
15. *(he, she)* is; east
18. dry
20. *(he, she)* was opening
21. end; fine
23. slow
24. throwing
26. to use; to wear *(down)*
27. such
28. theirs

Down

1. meat
2. hole
3. water
4. appearance, look
5. useful
6. sword
8. velvet
11. *(I)* shoot, draw
12. flat expanses of land
16. silk
17. an underground passage
19. to tell, recount
21. flow, stream
22. not common
24. juice
25. such

Across

1. attacks
8. faith
9. ideas
11. streets
13. street, road
14. head
15. girl; daughter
16. short written message
17. bed
18. stem
20. try, trial
23. sight, view
24. several

Down

2. to shut up, quieten
3. she
4. you
5. tea
6. to confront, face
7. necessary, vital
10. a particular day of year
12. hello; goodbye
15. (he, she) will do
17. to raise
19. drunk, inebriated
21. salt
22. they

Across

1. the one
3. high; raised
7. to pardon
10. law
11. to read
12. goose
13. pure
14. of the, some
17. wall
19. far, distant
21. faith
22. magnificent, splendid
24. earth
25. flower

Down

1. keys
2. lake
4. to remove, take off
5. (you) were being
6. salt
8. to unite, to join
9. rice
12. to forget
14. hard
15. effect
16. worse
18. sweat
20. naked
23. street, road

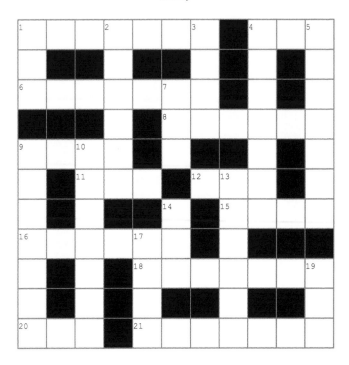

Across

1. tomb
4. heap, pile
6. (I) escape
8. trees
9. fact
11. born
12. mad
15. ready; loan
16. mouth
18. bus
20. his, her
21. to hope

Down

1. killed
2. beauty
3. to use; to wear (down)
4. horror
5. start, jolt
7. by, by means of; at the rate of, per
9. weaknesses
10. insults
13. opposed
14. not much, little
17. hedge
19. above, on top

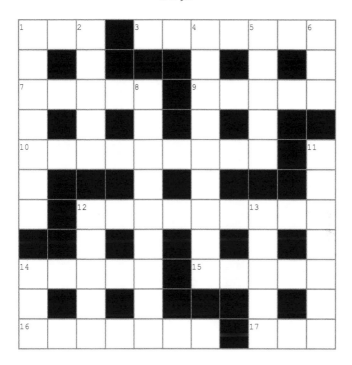

Across

1. neck
3. (he, she) learns
7. stingy, miserly
9. (I) was being
10. shaking
12. (I) work
14. well, shaft
15. aunt
16. booked
17. six

Down

1. to sing
2. way of using; custom
4. (he, she) was preparing
5. precise
6. since, from
8. to kiss
11. hair
12. roofs
13. having exntended length
14. pure

No. 91

Across

1. anxieties
8. brought
10. salt
11. *(he, she)* will do
12. ethnic class of people
13. they
14. sand
16. fairy
18. place
19. part *(of a play)*
21. because, since
22. kind, type
24. *(they)* were taking

Down

2. naked
3. dared
4. dirty
5. try, trial
6. something offered for advantage
7. injuries
9. naked
11. tale, parable
15. she
17. to wander
20. link
22. cheerful, merry
23. no

Across

1. ticket; banknote
4. to see
7. opinion; advice
9. bitter; sour
11. sun
12. penny; *(money)* cent
14. flag
15. these
16. *(it)* links
18. to hold back, detain
20. low
22. floors, stories
25. *(I)* pray
26. railway station
27. *(you)* have
28. reasons for an event

Down

1. arm
2. glows
3. heap, pile
4. vile
5. to dare
6. *(I)* pick up, lift up
8. to travel
10. fashion
13. to call, phone
15. movie theater
16. free
17. *(I)* will go
19. prudent, cautious
21. meaning
23. gas
24. dry

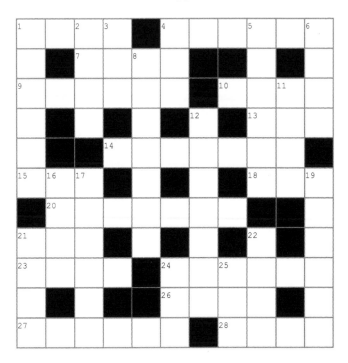

Across

1. shelter
4. sculpture
7. act; action
9. related to society
10. husband
13. thread, wire
14. to come back
15. a, an
18. these
20. public speaker
21. above, on top
23. to dare
24. household
26. to use; to wear *(down)*
27. to go out, exit
28. such

Down

1. absolute
2. ethnic class of people
3. here
4. salt
5. vehicles on the road
6. banishment
8. aptitudes, gifts
11. to laugh
12. beauties
16. we
17. error; mistake
19. subjects
21. below, under
22. not common
24. wall
25. clean, tidy; clear

Across

1. carpet
3. dyed, tinted
7. *(he, she)* was chatting
10. *(that it)* were
11. suffered
12. sight, view
13. bad, wrong; pain
14. lively; vivid
17. fairy
19. night
21. lake
22. to put down, put back
24. his, hers
25. crowd

Down

1. task, chore
2. not much, little
4. never ending
5. title
6. worse
8. alone, lone
9. killed
12. to vanquish
14. bicycle
15. wings
16. appearance, look
18. door
20. such
23. penny; *(money)* cent

Across

1. came
4. proved
7. wave
9. cake
10. large town
13. (it) links
14. to be unaware of
15. his, her, its; sound
18. dry
20. to smile
21. sea
23. has weapons
24. delay
26. to use; to wear (down)
27. firm, not liquid
28. to read

Down

1. waves
2. short written message
3. a, an
4. not much, little
5. useful
6. sword
8. perils
11. (I) shoot, draw
12. evenings
16. to dare
17. according to norms
19. ash
21. but
22. husband
24. street, road
25. such

Across

1. *(I)* will have
3. active
7. hers
10. bowl
11. sky; heaven
12. seen
13. footstep; not
14. game
17. pure
19. naked
21. lake
22. telescope
24. feet
25. to quote, name

Down

1. too, also, as well
2. street, road
4. apron
5. madness
6. beak
8. we
9. six
12. to vanquish
14. judge
15. gait of horse
16. salt
18. flower
20. compass point
23. early

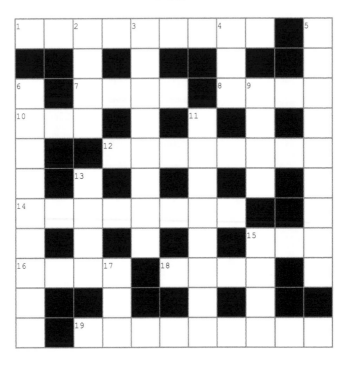

Across

1. isolation
7. nothing
8. black
10. they
12. to grant
14. stupid, foolish
15. *(he, she)* drank; aim, goal
16. unknown
18. equal
19. to notice

Down

2. bear
3. exercise
4. no
5. plural of portrait
6. hard, not easy
9. wave
11. to relieve, soothe
13. abuse
15. blue
17. a, an

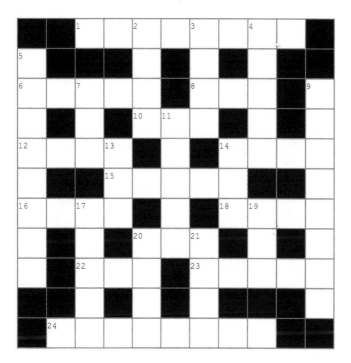

Across

1. champion
6. (d'.....), first, primarily
8. painting, theatre, music etc
10. (emotionally) touched, moved
12. proud; to trust, rely on
14. tooth
15. factory
16. weapon
18. without
20. beak
22. naked
23. hatred, hate
24. result

Down

2. helped
3. skin
4. as well as, besides, on top of
5. shipwreck
7. goose
9. painters, composers etc
11. mayor
13. street, road
14. of the, some
17. got up to, climbed
19. friend
20. beautiful
21. cat

Across

1. deadly
3. formerly, long ago
7. restraint
10. your
11. to flee, run away
12. seen
13. ten
14. linked
17. word
19. with
21. wine
22. to count
24. places
25. red flowers

Down

1. forest
2. early
4. destroyed
5. felt
6. egg
8. waters
9. they
12. alive
14. wolf
15. adversary
16. dry
18. brave person
20. rooster
23. heap, pile

Across

1. *(I)* fight
4. this
6. to repair
8. to know how
9. cat
11. fairy
12. cheerful, merry
15. theirs
16. *(I)* treat
18. activities, things done
20. *(it)* links
21. design

Down

1. because, since
2. beauty
3. *(he, she)* will be
4. colony
5. horror
7. *(he, she)* is; east
9. in the center
10. business
13. allies
14. beak
17. late
19. his, her, its; sound

Across

1. before, in front of
4. created
7. shelter
9. mineral excavation
11. deaf
12. *(he, she)* will go
14. advertisement
15. *(that he, she)* has
16. penny; *(money)* cent
18. mattress
20. the
22. to admit
25. unsullied
26. unknown
27. such
28. spirit; mind

Down

1. half
2. coming
3. heap, pile
4. believed; raw
5. to laugh
6. extensive; widespread
8. curls
10. *(I)* will go
13. trips
15. assault
16. to greet
17. to dare
19. hair *(on the body)*
21. seven
23. ones
24. street, road

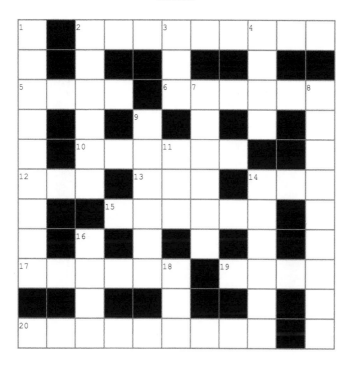

Across

2. to fight
5. dawn
6. stay, visit, sojourn
10. number
12. (I) dare
13. yes
14. water
15. to struggle, to fight
17. exhausted
19. (he, she) will do
20. to find again

Down

1. abandoned
2. pilot's compartment
3. low
4. too, too much
7. written
8. results
9. loves, passions
11. (he, she) drank; aim, goal
14. error; mistake
16. silent, mute
18. (emotionally) touched, moved

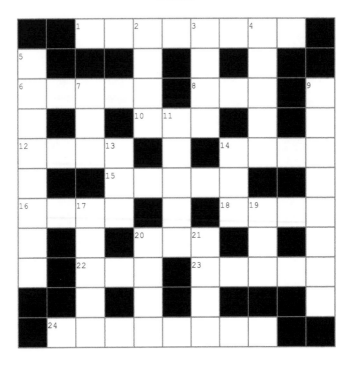

Across

1. earnest
6. *(I)* come
8. a, an
10. they
12. nine
14. very
15. step *(in a process)*
16. help, aid
18. *(he, she)* is *(subjunctive)*; either ... or
20. sea
22. him, he
23. farewell
24. small townships

Down

2. trick; cunning
3. waters
4. sister
5. *(it)* was advancing
7. water
9. social caller
11. way of using; custom
13. fairy
14. your
17. delay
19. yes
20. honey
21. row

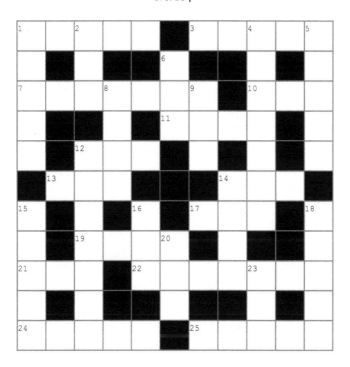

Across

1. coasts; ribs
3. beaten
7. to light
10. month of the year
11. wolf
12. fire
13. iron
14. season of the year
17. numbre of years old
19. (I) lead
21. cheerful, merry
22. slave
24. kind, type
25. group acting in unison

Down

1. song
2. such
4. tempest; storm
5. factory
6. salt
8. to use; to wear (down)
9. king
12. farmer
14. equal
15. judges
16. donkey, ass
18. brake
20. (he, she) is; east
23. acted

Across

1. beast
4. gases of the atmosphere
7. to act
9. opinion; advice
11. *(he, she)* would
12. silly, foolish
14. tempest; storm
15. sea
16. *(I)* dare
18. month
20. years
22. horse
25. unknown
26. wing
27. touched, moved
28. *(they)* know

Down

1. pile, heap
2. to mimic, copy
3. weary, tired
4. appearance, look
5. *(I)* will go
6. located
8. management
10. ballot
13. distinctive, exceptional
15. market
16. a citrus fruit
17. meaning
19. beautiful
21. *(he, she)* follows
23. life
24. the

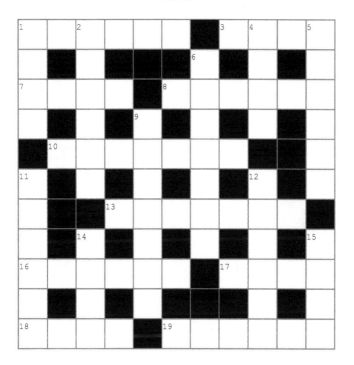

Across

1. *(you)* believe
3. *(it)* is worth
7. part *(of a play)*
8. curtain
10. to be unaware of
13. *(he, she)* goes down
16. act of listening
17. *(I)* pray
18. to act
19. pole

Down

1. deer
2. forced to do
4. confession, admission
5. touched
6. quietness
9. unpretentious
11. movie theater
12. way in
14. pretty, cute
15. slim

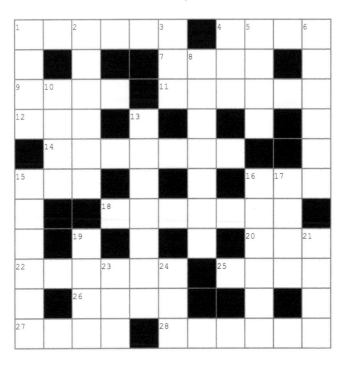

Across

1. alarm clock
4. *(he, she)* knows
7. *(I)* will go
9. waters
11. hidden, undisclosed
12. nil
14. restraint
15. gas
16. years
18. daydream
20. wall
22. sneaker
25. coffee
26. hard
27. streets
28. subtle

Down

1. nothing
2. *(you)* want
3. *(I)* read
4. bag
5. gases of the atmosphere
6. titles
8. to not accept
10. *(he, she)* will have
13. to clothe
15. to taste
16. magnet
17. nine
19. wave
21. actual
23. naked
24. his, her

Across

1. loved
4. climb
7. to be
9. armies
10. husband
13. thread, wire
14. to hold back, detain
15. ones
18. these
20. birds
21. *(that he, she)* has
23. brown
24. safe place
26. to use; to wear *(down)*
27. not active, unmoving
28. actual

Down

1. shot down, cut down
2. even; same
3. season of the year
4. my
5. vehicles on the road
6. banishment
8. to stand up *(again)*; to right
11. to laugh
12. measurements
16. black
17. located
19. sun
21. shelter
22. priest
24. street, road
25. iron

Across

1. to promise
8. naked
9. high; raised
11. without
13. goose
14. way, track
15. hidden
16. sure, certain
17. salt
18. reflected sound
20. finally, in the end
23. naked
24. cook

Down

2. Russian
3. hand
4. tea
5. street, road
6. anxieties
7. to wake up
10. raised
12. sacred
15. this
17. dream
19. corner
21. fire
22. our

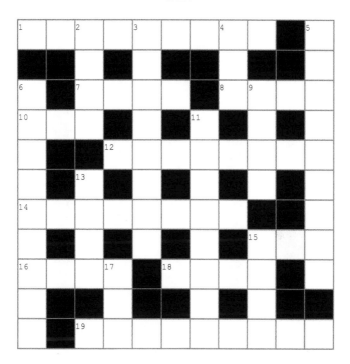

Across

1. *(he, she)* was taking away
7. quick, fast
8. wing
10. killed
12. *(I)* was finding
14. chapel
15. *(I)* dare
16. related, linked
18. bear
19. ministers

Down

2. pavement
3. to slow down
4. *(he, she)* will go
5. injuries
6. spark
9. *(I)* will go
11. some
13. coffee
15. to dare
17. one; oneself

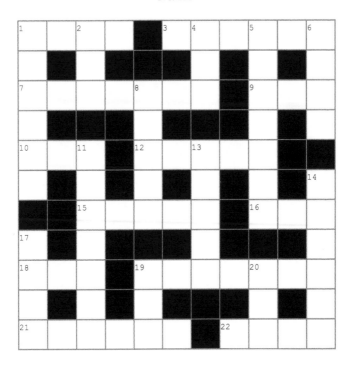

Across

1. pretty, cute
3. heaps
7. consideration
9. clean, tidy; clear
10. here
12. (I) will have
15. the coming time
16. king
18. his, her, its; sound
19. can be seen
21. lane, alley
22. blue

Down

1. garden
2. weary, tired
4. (that he, she) has
5. path, pathway
6. place of building etc
8. precise
11. never ending
13. uncommon
14. bird
17. to use; to wear (down)
19. flight; theft
20. ball

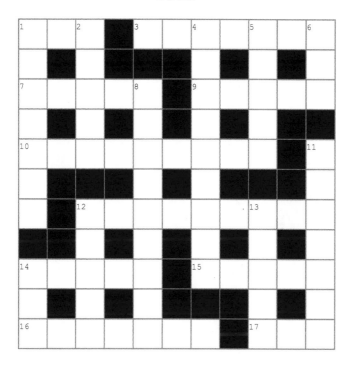

Across

1. footstep; not
3. how much
7. short messages; marks
9. giant
10. tenderness
12. uncertain, unsure
14. predicted
15. rail vehicle
16. consideration
17. killed

Down

1. penetrated
2. silken material
4. magistrate
5. picture
6. clean, tidy; clear
8. layout, organisation
11. announced
12. ideas
13. before
14. pure

Across

2. feeling
5. alone, lone
6. reason
10. reasons for an event
12. street, road
13. gift
14. good
15. retained
17. work, exertion
19. this
20. convinced

Down

1. saucepan
2. origin, spring
3. above, on top
4. unknown
7. to bring
8. however; nevertheless
9. modesty
11. silly, foolish
14. office
16. to; so that
18. you

Across

1. need
4. blade
7. *(I)* will go
9. wing
11. drawing
12. a, an
14. honest, frank
15. nil
16. yes
18. *(I)* was feeling
20. dry
22. to mimic, copy
25. *(he, she)* will be
26. appeared
27. naked
28. justification

Down

1. beautiful
2. sun
3. nest
4. weary, tired
5. easy
6. foe
8. griefs
10. unknown
13. to buy
15. conception
16. bird
17. to use; to wear *(down)*
19. used for smoking
21. secured area for animals
23. heap, pile
24. street, road

Across

1. sky blue
3. spirit; mind
7. horses
9. month of the year
10. salt
12. sir
15. black
16. one; oneself
18. life
19. starting point
21. to go out, exit
22. endings

Down

1. defendant
2. a, an
4. six
5. remorse
6. roof
8. too, also, as well
11. slowness
13. try, trial
14. various, varying
17. opinion; advice
19. yes
20. here

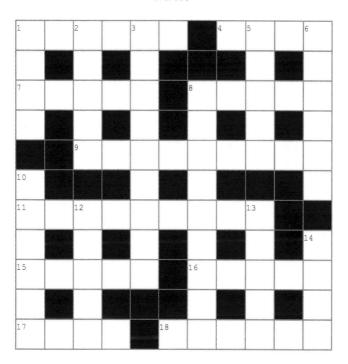

Across

1. *(I)* cry
4. a particular day of year
7. fist
8. *(he, she)* would go
9. Europeans
11. culprits
15. lover
16. picture
17. streets
18. *(he, she)* hears, means

Down

1. daddy
2. *(I)* demand, require
3. *(he, she)* was looking
5. Arabic
6. ecstasy
8. drive, impetus
10. lightning
12. way of using; custom
13. stadium
14. *(he, she)* makes, renders

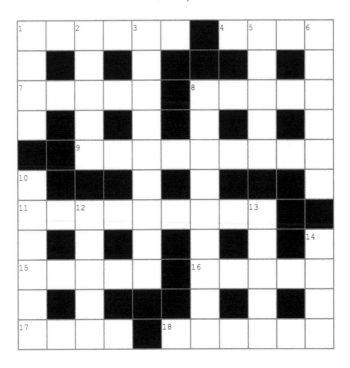

Across

1. past
4. ugly
7. to pray
8. pearl
9. memories
11. attempt
15. precise
16. to ravish
17. dual; two person gun fight
18. respect, regard

Down

1. used for smoking
2. care, treatment
3. (he, she) was showing, proving
5. (I) will have
6. goddess
8. first
10. (he, she) waits, expects
12. cloud
13. sending, dispatch
14. weapon

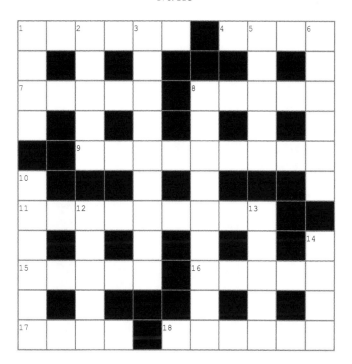

Across

1. (I) sing
4. (he, she) serves
7. to quote, name
8. had to
9. weakness
11. to replace
15. funds
16. tiger
17. priest
18. burning, fervent

Down

1. this
2. active
3. awful, horrible
5. they
6. all
8. to congratulate
10. vehicles on the road
12. to lead, to take
13. reign; royalty
14. (he, she) smells

Across

1. advantageous
7. unknown
8. shock
10. my
12. wound
14. installed
15. fairy
16. gases of the atmosphere
18. confession, admission
19. ministers

Down

2. (I) go
3. result
4. lake
5. riches
6. American
9. high; top
11. slaves
13. to use; to wear (down)
15. to flee, run away
17. one; oneself

Across

1. project
4. (I) like
7. to act
9. the humanities
11. (he, she) would
12. (I) kill
14. self-respect
15. such
16. naked
18. bus
20. my
22. sad
25. zero
26. streets
27. to kill
28. witness

Down

1. flat
2. toe
3. heap, pile
4. appearance, look
5. (I) will go
6. ecstasy
8. management
10. rough, harsh
13. subsequently, next
15. sometimes
16. number
17. to use; to wear (down)
19. worse
21. care
23. above, on top
24. (he, she) is; east

Solutions

No. 1

t	o	m	a	t	e	■	c	h	a	t
ê	■	a	■	■	c	■	u	■	■	r
t	o	i	t	■	f	a	r	i	n	e
e	■	s	■	e	■	r	■	t	■	i
■	p	o	i	s	s	o	n	■	■	z
b	■	n	■	t	■	t	■	r	■	e
a	■	■	c	o	u	t	e	a	u	■
l	■	p	■	m	■	e	■	s	■	b
c	h	e	v	a	l	■	f	o	u	r
o	■	a	■	c	■	■	i	■	■	a
n	e	u	f	■	s	o	u	r	i	s

No. 2

r	e	s	t	é	■	é	l	e	v	é
a	■	e	■	s	■	■	n	■	■	c
v	i	s	i	t	e	s	■	d	u	r
i	■	■	r	■	c	u	i	r	■	i
r	■	c	a	s	■	r	■	o	■	s
■	q	u	i	■	■	■	l	i	é	■
l	■	i	■	a	■	b	u	t	■	d
o	■	s	û	r	e	■	n	■	■	é
c	r	i	■	t	a	l	e	n	t	s
a	■	n	■	■	u	■	o	■	■	i
l	i	e	u	x	■	p	u	n	i	r

No. 3

t	i	m	i	d	e	■	n	i	e	r
e	■	a	■	i	■	■	d	■	■	a
n	u	i	t	s	■	u	n	i	o	n
u	■	n	■	t	■	n	■	o	■	g
■	■	s	e	r	v	i	e	t	t	e
a	■	■	a	■	v	■	■	.	■	r
c	o	n	t	i	n	e	n	t	■	
t	■	u	■	r	■	r	■	i	■	a
u	s	a	g	e	■	s	u	e	u	r
e	■	g	■	■	e	■	n	■	■	m
l	i	e	r	■	p	l	â	t	r	e

No. 4

■	p	i	n	c	e	t	t	e	s	■
é	■	s	■	ô	■	ô	■	u	■	p
v	a	s	■	t	■	t	e	x	t	e
é	■	u	n	e	s	■	l	■	■	r
n	u	e	■	■	i	■	l	o	i	s
e	■	■	s	o	n	g	e	■	■	o
m	è	n	e	■	o	■	■	t	o	n
e	■	■	i	■	n	o	t	e	■	n
n	é	a	n	t	■	e	■	n	é	e
t	■	g	■	o	■	i	■	i	■	s
■	v	i	e	i	l	l	a	r	d	■

No. 5

a	■	r	e	p	r	e	n	d	r	e
t	■	a	■	u	■	e	■	■		
t	o	i	t	■	e	n	n	u	i	e
e	■	s	■	b	■	a	■	x	■	x
n	■	i	n	e	r	t	e	■	■	i
t	o	n	■	s	o	u	■	l	a	s
a	■	■	s	o	i	r	é	e	■	t
t	■	p	■	i	■	e	■	v	■	e
s	a	l	o	n	s	■	g	a	i	n
■	a	■	■	o	■	■	n	■	■	c
c	o	n	t	i	n	e	n	t	■	e

No. 6

s	a	c	r	i	f	i	c	e	■	p
■	a	■	d	■	■	o	■	■		o
a	■	v	o	e	u	■	l	o	i	s
v	i	e	■	n	■	a	■	e	■	s
e	■	■	é	t	e	r	n	i	t	é
n	■	l	■	i	■	t	■	l	■	d
t	r	o	t	t	o	i	r	■	■	a
u	■	i	■	é	■	f	■	t	o	i
r	o	n	d	■	d	i	r	e	■	t
e	■	u	■	■	c	■	l	■	■	
s	■	t	r	a	v	e	r	s	e	r

Solutions

No. 7

é	l	é	g	a	n	t	█	a	r	c
t	█	█	e	█	█	u	█	b	█	o
é	p	i	n	g	l	e	█	b	█	u
█	█	d	█	o	r	t	e	i	l	█
l	e	u	r	█	i	█	█	s	█	a
i	█	n	e	z	█	b	a	s	█	i
m	█	i	█	█	n	█	v	e	r	t
i	n	v	i	t	é	█	a	█	█	█
t	█	e	█	r	e	f	l	e	t	s
e	█	r	█	è	█	█	e	█	o	█
s	e	s	█	s	o	u	r	c	i	l

No. 8

l	a	i	t	█	v	i	v	a	n	t
i	█	v	o	e	u	█	█	n	█	u
m	a	r	i	n	s	█	t	i	r	e
i	█	e	█	g	█	c	█	m	u	r
t	█	█	m	a	t	e	l	a	s	█
e	s	t	█	g	█	n	█	l	e	s
█	a	r	d	e	n	t	e	█	█	o
o	i	e	█	r	█	r	█	f	█	i
u	n	i	r	█	f	a	c	i	l	e
r	█	z	█	é	l	a	n	█	█	n
s	i	e	n	n	e	█	s	e	n	t

No. 9

█	v	a	i	n	e	m	e	n	t	█
a	█	u	█	u	█	u	█	o	█	d
p	i	s	█	i	█	r	o	s	é	e
p	█	s	i	t	e	█	u	█	█	m
l	u	i	█	█	n	█	r	ô	l	e
i	█	█	p	â	t	e	s	█	█	u
q	u	a	i	█	r	█	█	p	a	r
u	█	█	r	█	é	m	u	e	█	a
e	l	l	e	s	█	o	█	t	o	i
r	█	i	█	o	█	r	█	i	█	t
█	r	é	s	u	l	t	a	t	s	█

No. 10

█	c	o	n	t	e	n	t	e	r	█
s	█	u	█	ô	█	o	█	x	█	v
p	e	i	n	t	█	i	█	a	m	i
e	█	█	i	█	g	r	e	c	█	e
c	i	m	e	█	e	█	█	t	o	n
t	█	█	r	e	s	t	e	█	█	d
a	r	c	█	t	█	█	l	e	u	r
c	█	r	a	c	e	█	l	█	█	a
l	u	i	█	œ	█	m	e	r	c	i
e	█	m	█	u	█	o	█	u	█	t
█	r	e	t	r	a	i	t	e	s	█

No. 11

r	e	p	r	e	n	d	r	e	█	b
█	█	a	█	x	█	█	o	█	█	l
i	█	v	a	i	s	█	i	v	r	e
g	r	é	█	s	█	p	█	o	█	s
n	█	█	a	t	t	a	q	u	e	s
o	█	é	█	a	█	r	█	s	█	u
r	e	p	r	i	s	e	s	█	█	r
a	█	é	█	t	█	i	█	â	n	e
n	u	e	s	█	s	l	i	p	█	s
c	█	█	o	█	█	l	█	r	█	█
e	█	f	i	è	r	e	m	e	n	t

No. 12

t	a	s	s	e	█	o	s	a	i	t
i	█	o	█	█	m	█	█	v	█	e
g	é	n	é	r	a	l	█	a	i	r
r	█	c	█	l	e	u	r	█	█	r
e	█	o	u	i	█	s	█	i	█	e
█	n	u	s	█	█	█	i	c	i	█
p	█	b	█	a	█	u	n	e	█	v
l	█	l	y	r	e	█	s	█	█	i
a	g	i	█	t	u	m	u	l	t	e
g	█	e	█	█	x	█	█	i	█	n
e	r	r	e	r	█	p	â	t	e	s

Solutions

No. 13

```
p o l i c e ■ a c t e
a ■ ■ e ■ g ■ ■ ■ x
r ■ p p l e i n ■ i
t u é e ■ n ■ ■ ■ g
■ ■ c o n s t i t u e
é ■ h d u r ■ o ■ r
p r é p a r a i t ■
a ■ ■ n ■ î ■ a r c
u ■ m a t i n ■ l ■ ô
l ■ ■ u ■ ■ e ■ ■ t
e a u x ■ p r i è r e
```

No. 14

```
o c c u p e r ■ s e s
n ■ a ■ r ■ ■ ■ e ■ i
t e n t é ■ m o n t e
■ ■ n ■ c ■ o ■ t ■ n
a ■ e x é c u t i o n
t ■ ■ ■ d ■ s ■ ■ ■ e
t e r r e s t r e ■ s
e ■ e ■ n ■ a ■ n
i d i o t ■ c a n o t
n ■ n ■ ■ h ■ u ■ u
t e s ■ c h e m i s e
```

No. 15

```
■ r e g a r d a i t ■
é ■ s ■ g ■ u ■ l ■ d
c a s ■ i ■ r u s s e
l ■ a u r a ■ n ■ ■ m
a m i ■ ■ b ■ e l l e
t ■ ■ c r o i s ■ ■ u
a i l e ■ r ■ ■ p a r
n ■ ■ c ■ d u e l ■ a
t r o i s ■ n ■ a g i
e ■ i ■ û ■ i ■ c ■ t
■ m e u r t r i e r ■
```

No. 16

```
i ■ a t t e n t i o n
n ■ g ■ ■ s ■ ■ v ■ ■
j o i e ■ t o u r n é
u ■ t ■ r ■ p ■ e ■ t
s ■ é l e v é s ■ ■ e
t u e ■ m u r ■ a i r
i ■ ■ o i s e a u ■ n
c ■ é ■ s ■ r ■ t ■ e
e n t r e r ■ s e u l
■ ■ ■ a ■ ■ o ■ u ■ l
i n t é r i e u r ■ e
```

No. 17

```
b a l ■ j a r d i n s
r ■ i ■ ■ i ■ r ■ ■ u
a n g e s ■ c l a i r
n ■ n ■ a ■ h ■ i ■ ■
c h e r c h e n t ■ c
h ■ ■ ■ r ■ s ■ ■ ■ h
e ■ p u i s s a n c e
■ ■ è ■ f ■ e ■ u ■ v
m e r c i ■ s e l l e
e ■ e ■ c ■ ■ ■ l ■ u
r e s p e c t ■ e u x
```

No. 18

```
■ b a i g n o i r e ■
o ■ m ■ r ■ n ■ é ■ s
b r i s é ■ d ■ c o u
s ■ ■ e ■ d e m i ■ p
c a m p ■ é ■ ■ t h é
u ■ ■ t o m b é ■ ■ r
r u e ■ ■ o ■ c e c i
i ■ l o i n ■ h ■ ■ e
t e l ■ v ■ c o n n u
é ■ ■ e ■ r ■ e ■ u ■ r
■ e s s e n t i e l ■
```

Solutions

No. 19

s	e	r	m	e	n	t	█	d	u	c
û	█	█	u	█	█	i	█	é	█	h
r	e	t	e	n	i	r	█	f	█	â
█	█	t	█	l	e	v	a	n	t	█
t	o	u	t	█	s	█	█	i	█	e
e	█	n	e	z	█	m	e	t	█	a
r	█	i	█	█	d	█	m	e	n	u
r	i	v	a	g	e	█	p	█	█	█
a	█	e	█	e	s	t	i	m	e	r
i	█	r	█	n	█	█	r	█	█	u
n	u	s	█	s	i	l	e	n	c	e

No. 20

j	u	r	é	█	m	o	u	s	s	e
e	█	o	█	█	s	█	o	█	█	x
t	r	i	b	u	n	e	█	m	a	i
a	█	█	s	█	█	█	m	█	█	l
n	u	s	█	a	v	i	d	e	█	█
t	█	u	█	g	█	s	█	i	█	a
█	█	p	i	e	d	s	█	l	a	s
a	█	e	█	█	█	u	█	█	█	p
m	u	r	█	c	h	e	m	i	s	e
a	█	b	█	a	█	█	█	r	█	c
s	o	e	u	r	s	█	f	a	u	t

No. 21

t	r	o	i	s	i	è	m	e	█	i
█	█	n	█	u	█	█	o	█	█	n
b	█	d	o	i	s	█	n	o	r	d
â	n	e	█	v	█	a	█	u	█	u
t	█	█	r	a	p	p	o	r	t	s
i	█	f	█	n	█	p	█	s	█	t
m	a	i	n	t	i	e	n	█	█	r
e	█	l	█	e	█	l	█	g	a	i
n	o	m	s	█	b	a	s	e	█	e
t	█	█	u	█	█	i	█	n	█	█
s	█	t	r	i	s	t	e	s	s	e

No. 22

p	r	é	p	a	r	a	i	t	█	c
█	█	t	█	i	█	█	r	█	█	r
e	█	a	l	l	é	█	a	i	s	é
f	û	t	█	l	█	o	█	r	█	a
f	█	█	s	e	m	b	l	a	n	t
r	█	ô	█	u	█	s	█	i	█	u
a	u	t	o	r	i	t	é	█	█	r
y	█	e	█	s	█	a	█	v	i	e
a	u	r	a	█	a	c	t	e	█	s
n	█	█	i	█	█	l	█	r	█	█
t	█	t	r	a	v	e	r	s	é	e

No. 23

█	█	f	r	a	p	p	a	n	t	█
e	█	█	█	v	█	o	█	u	█	█
s	o	m	m	e	█	n	u	l	█	s
s	█	e	█	c	e	t	█	l	█	u
a	i	s	e	█	x	█	p	e	u	r
y	█	█	a	s	i	l	e	█	█	p
a	v	e	u	█	g	█	u	s	e	r
i	█	n	█	t	e	s	█	o	█	i
t	█	f	e	u	█	u	n	i	e	s
█	█	e	█	é	█	b	█	█	█	e
█	█	g	r	o	s	s	i	e	r	█

No. 24

a	i	g	u	█	m	i	l	i	e	u
u	█	a	n	g	e	█	█	m	█	n
p	r	i	s	e	s	█	a	i	m	e
r	█	n	█	s	█	c	█	t	e	s
è	█	█	i	t	a	l	i	e	n	█
s	a	c	█	i	█	ô	█	r	u	e
█	█	v	o	l	o	n	t	é	█	x
p	e	u	█	n	█	u	█	s	█	i
a	u	r	a	█	c	r	a	i	n	s
p	█	i	█	█	l	e	n	t	█	t
a	r	r	i	v	é	█	s	e	x	e

No. 25

```
d . a t t e n d a i t
i r . s . i . . . . .
r i r e . t r i s t e
e . i . a . u . é . x
c . v e r s e r . . c
t u é . b o l . v u e
e . . g r i l l e . p
u . a . e . e . r . t
r e m i s e . i r a i
. . i . . a . e . o .
b l e s s u r e s . n
```

No. 26

```
d i r a . b o n n e s
e . a i s e . . o . u
m o r t e l . a b r i
a . e . c . é . l i s
i . . t o u c h e r .
n u s . u . a . s e c
. s o u r i r e . . e
p e u . s . t . h . r
a r m é . l e v a n t
i . i . . i r a i . e
r i s q u e . s e n s
```

No. 27

```
f u i r . m a r t y r
a . r . . n . e . ô .
c h a i s e s . n u l
i . . u . . d . e . .
l i e . b â t i r . .
e . f . i . i . e . c
. . f o r c e . s o i
i . a . . n . . n . .
d u c . e n t o u r é
é . e . a . . n . m .
e r r e u r . s e r a
```

No. 28

```
a m e r . d o n n é e
v . s . . s . o . x .
a t t a c h e . m o i
n . . i . . m . l . .
c e s . v e r r a . .
é . u . i . o . i . e
. f a l l u . t o n .
o . f . . e . . l . .
s o i . m u s i q u e
e . r . a . . u . v .
r é e l l e . a i d é
```

No. 29

```
o f f r a i t . o n t
s . i . v . . r . h .
é l è v e . p l a c é
. . r . n . e . g . o
m . e x t é r i e u r
a . . u . s . . i . .
r e m a r q u e r . e
c . ê . e . a . o . .
h é l a s . d o u c e
e . e . . e . t . a .
s û r . m a r t e a u
```

No. 30

```
c o m p t e . f l o t
h . a . e . . a . i .
e r r e r . d é p i t
z . i . r . i . i . r
. . n a i s s a n c e
a . . b . p . . s . .
c a v a l i e r s . .
c . a . e . n . o . r
e x c è s . s e r r é
n . h . . e . t . e .
t u e r . o r t e i l
```

Solutions

No. 31

```
■ m a g i s t r a t ■
s ■ m ■ l ■ r i ■ e
p o i d s ■ o ■ d e s
e ■ ■ o ■ j u g e ■ s
c h e r ■ a ■ ■ r u e
t ■ ■ t e m p s ■ ■ n
a i t ■ ■ b ■ a o û t
c ■ a i d e ■ g ■ ■ i
l u i ■ a ■ v e s t e
e ■ r ■ n ■ u ■ û ■ l
■ m e s s i e u r s ■
```

No. 32

```
p a r l e ■ b r i s é
o ■ o ■ a ■ ■ n ■ l
m o i n d r e ■ v u e
p ■ ■ o ■ c a g e ■ v
e ■ a i r ■ u ■ r ■ é
■ s i x ■ ■ ■ o s e ■
j ■ s ■ s ■ â n e ■ f
a ■ a m e r ■ z ■ ■ l
d o n ■ l u n e t t e
i ■ c ■ e ■ ■ o ■ u
s o e u r ■ f i n i r
```

No. 33

```
c o r p s ■ m i n c e
e ■ o ■ s ■ ■ a ■ s
s o i r é e s ■ v u s
s ■ ■ o ■ c e c i ■ a
e ■ m u r ■ s ■ r ■ i
■ f é e ■ ■ s e l ■
r ■ l ■ f ■ t a s ■ q
e ■ a f i n ■ i ■ ■ u
f i n ■ l o r s q u e
u ■ g ■ s ■ ■ u ■ u
s o e u r ■ a s i l e
```

No. 34

```
■ a t t a c h e r ■
é ■ ■ e ■ o ■ x ■ ■
t o t a l ■ i c i ■ e
u ■ u ■ s o n ■ g ■ n
d i e u ■ u ■ v e n t
i ■ ■ n e v e u ■ ■ r
a m a s ■ r ■ e l l e
n ■ l ■ l e s ■ o ■ v
t ■ l u i ■ a d i e u
■ é ■ é ■ i ■ ■ e
■ m e n s o n g e ■ ■
```

No. 35

```
v o u s ■ o p é r e r
o ■ s u i s ■ u ■ é
i n e r t e ■ t i r e
l ■ r ■ a ■ n u l
e ■ c l a s s e s ■
s a c ■ i ■ s ■ s e c
■ b u r e a u x ■ ■ e
c r i ■ n ■ r ■ l ■ n
a i s e ■ r e g a r d
m ■ s ■ i r a i ■ r
p r e n e z ■ i d é e
```

No. 36

```
b o u g i e s ■ b a l
e ■ ■ e ■ ■ i ■ a ■ i
c a u s a i t ■ p ■ b
■ ■ t ■ l e t t r e
c i r e ■ s ■ ■ ê ■ r
r ■ o s é ■ n o m ■ t
i ■ b ■ f ■ m e n é
s o i r é e ■ b ■ ■
t ■ n ■ g u e r r e s
a ■ e ■ a ■ ■ e ■ û
l i t ■ l a i s s e r
```

Solutions

No. 37

```
    s o u v e n i r
n     s   l   s
a r a b e   l a s v
u   r   r u e   u   i
f a c e   t   g e n s
r     a c i e r     i
a v e u   l   é t a t
g   r   b e l   o   e
e   r o i   a d i e u
    e   e   m       r
  p r e n n e n t
```

No. 38

```
s a v e n t   c i t é
l   o   a       m   c
i d i o t   c h a i r
p   c   i   h   g   i
    i s o l e m e n t
f       n   r       s
è   e   l   h   t   p
v e n t e   a v a r e
r   t       i   d   r
e x i l   a t t e n d
```

No. 39

```
    s o n g e a i t
a     o   a   s
d u r e r   u n s   a
o   u   d i x   u   u
r é e l   d   d e u x
a     a d i e u     q
b r a s   o   r e ç u
l   r   é t é   a   e
e   b e l   c r u e l
    r   a   u       s
  j e u n e s s e
```

No. 40

```
c o u p s   a r a b e
o   n   s   b   n
r i s q u e s   o n t
p   u   l e u r   r
s   p a r   c   d   é
  s o i     n e z
f i   v   s u r   s
o   s o u s   i   e
n o s   s o u t e n u
d   o   l   s   i
s i n g e   h ô t e l
```

No. 41

```
b r o s s e   z o n e
ê   u   p       e   n
t a b l e   f o u e t
e   l   c   o   f   r
    i n t é r e s s e
s       a   m       r
c h e r c h a i t
è   n   l   i   y   t
n ô t r e   e r r e r
e   r       n   a   o
s i e n   é t e n d u
```

No. 42

```
b a t t u   c a n o n
r   a   u       a   u
i n s t a n t   v i l
d   o   s u b i   l
e   a i r   é   r   e
  l i t       f e u
p   s   a   v o s   r
a   a î n é   r   o
s o n   s t a t u e s
s   c   é       n   e
é l e v é   p i e d s
```

Solutions

No. 43

c	u	i	s	i	n	e	■	f	o	i
e	■	a	■	x	a	■	m	■	■	m
t	r	o	u	v	a	i	■	m	■	m
■	■	v	■	g	l	o	i	r	e	■
t	i	g	e	■	i	■	■	l	■	n
r	■	a	r	c	■	s	e	l	■	s
o	■	l	■	p	■	s	e	x	e	■
m	i	e	n	n	e	■	p	■	■	■
p	■	r	■	a	u	r	i	o	n	s
e	■	i	ï	■	o	■	■	■	■	o
r	u	e	■	f	r	a	n	c	h	i

No. 44

m	i	e	l	■	d	a	n	s	e	r
a	■	a	■	■	n	■	i	■	■	u
s	a	u	r	a	i	s	■	l	a	s
q	■	■	i	■	■	■	e	■	■	e
u	n	s	■	l	a	p	i	n	■	■
e	■	e	■	l	■	o	■	c	■	e
■	■	c	h	e	f	s	■	e	u	x
a	■	o	■	■	■	e	■	■	■	i
v	i	n	■	p	a	r	t	i	e	s
e	■	d	■	a	■	■	■	r	■	t
c	o	e	u	r	s	■	b	a	s	e

No. 45

c	i	m	e	■	n	o	t	i	o	n
e	■	o	■	■	b	■	r	■	■	u
s	i	t	u	é	■	s	t	a	d	e
s	■	i	■	g	■	t	■	i	■	s
e	f	f	r	a	y	a	n	t	■	■
r	■	■	l	■	c	■	■	■	■	a
■	■	v	i	e	i	l	l	a	r	d
a	■	o	■	m	■	e	■	r	■	i
b	r	û	l	e	■	s	a	b	l	e
r	■	t	■	n	■	■	r	■	■	u
i	n	e	r	t	e	■	d	e	u	x

No. 46

n	■	■	s	o	u	l	a	g	e	r
o	■	p	■	u	■	a	■	a	■	■
v	i	l	■	e	■	c	u	i	r	■
e	■	a	i	s	e	■	n	■	■	j
m	e	t	■	t	■	f	i	è	r	e
b	■	■	v	■	■	■	r	■	■	u
r	a	y	o	n	■	■	p	■	m	o n
e	■	■	e	■	r	o	b	e	■	e
■	■	c	l	u	b	■	s	■	t	a s
■	■	i	■	e	■	t	■	s	■	s
o	r	e	i	l	l	e	r	■	■	e

No. 47

■	■	n	a	u	f	r	a	g	e	■
é	■	■	n	■	a	■	a	■	■	■
l	a	m	p	e	■	v	i	l	■	b
é	■	o	■	s	o	i	■	o	■	l
g	a	n	t	■	d	■	é	p	é	e
a	■	■	a	g	e	n	t	■	■	s
n	o	u	s	■	u	■	é	c	u	s
t	■	n	■	c	r	i	■	a	■	u
e	■	i	r	a	■	d	é	s	i	r
■	■	t	■	f	■	é	■	■	■	e
■	g	é	n	é	r	e	u	x	■	■

No. 48

s	o	r	t	■	c	h	i	e	n	s
t	■	a	u	b	e	■	■	x	■	e
a	n	n	é	e	s	■	p	a	r	u
t	■	g	■	s	■	p	■	m	a	l
u	■	■	d	o	m	i	n	e	r	■
t	a	s	■	i	■	e	■	n	e	t
■	■	m	o	i	n	d	r	e	■	r
b	a	l	■	s	■	r	■	ê	■	i
o	s	e	r	■	r	e	s	t	e	s
n	■	i	■	■	u	s	e	r	■	t
d	é	l	i	r	e	■	s	e	x	e

No. 49

f	a	u	t	█	e	n	v	e	r	s
é	█	n	█	█	e	█	x	█	a	
r	e	s	p	e	c	t	█	c	o	l
o	█	█	r	█	█	█	u	█	e	
c	a	r	█	r	e	i	n	s	█	█
e	█	e	█	e	█	d	█	e	█	h
█	█	g	a	r	d	é	█	r	o	i
a	█	a	█	█	█	a	█	█	█	d
m	e	r	█	v	i	l	l	a	g	e
e	█	d	█	o	█	█	█	i	█	u
r	u	e	l	l	e	█	p	r	i	x

No. 50

v	a	l	a	i	t	█	s	o	i	n
e	█	è	█	█	a	v	e	u	█	a
r	a	v	i	█	s	e	c	r	e	t
s	u	r	█	e	█	r	█	s	█	u
█	r	e	s	s	o	r	t	█	█	r
p	a	s	█	t	█	o	█	t	u	e
l	█	█	d	o	n	n	é	e	s	█
a	█	d	█	m	█	s	█	n	e	t
c	l	i	m	a	t	█	m	a	r	i
e	█	r	a	c	e	█	█	i	█	g
r	é	e	l	█	s	t	a	t	u	e

No. 51

a	█	a	v	a	n	t	a	g	e	s
c	█	m	█	█	u	█	█	r	█	█
c	h	o	c	█	e	n	v	o	y	é
o	█	u	█	e	█	o	█	s	█	c
m	█	r	e	n	d	r	e	█	█	r
p	i	s	█	n	o	m	█	c	r	i
l	█	█	m	e	n	a	c	e	█	v
i	█	a	m	█	l	█	r	█	a	
r	é	v	e	i	l	█	m	i	d	i
█	█	e	█	o	█	█	█	s	█	n
m	é	c	a	n	i	q	u	e	█	s

No. 52

p	e	r	d	█	o	e	u	v	r	e
a	█	o	u	r	s	█	█	o	█	x
s	o	i	r	é	e	█	f	i	n	i
s	█	s	█	p	█	e	█	s	o	l
é	█	█	f	a	i	s	a	i	t	█
s	e	s	█	r	█	t	█	n	e	t
█	l	a	v	e	r	i	e	█	█	e
p	l	i	█	r	█	m	█	h	█	x
l	e	n	t	█	l	e	v	a	n	t
a	█	t	█	i	r	a	i	█	█	e
t	r	e	i	z	e	█	s	e	n	s

No. 53

l	█	p	r	o	p	r	i	é	t	é
i	█	r	█	u	█	█	t	█	█	█
b	l	o	c	█	r	e	n	a	r	d
r	█	j	█	s	█	s	█	t	█	o
e	█	e	x	a	c	t	e	█	█	n
m	o	t	█	m	a	i	█	f	i	n
e	█	█	f	e	r	m	e	r	█	a
n	█	t	█	d	█	e	█	o	█	i
t	i	r	a	i	t	█	m	i	n	e
█	█	o	█	█	ô	█	█	d	█	n
s	o	u	m	e	t	t	r	e	█	t

No. 54

j	u	g	é	█	c	r	i	m	e	s
o	█	a	█	█	i	█	e	█	█	o
l	a	i	s	s	e	z	█	s	û	r
i	█	█	a	█	█	█	u	█	t	
e	a	u	█	c	é	d	e	r	█	█
s	█	n	█	r	█	é	█	e	█	a
█	█	i	d	é	a	l	█	s	u	d
f	█	v	█	█	a	█	█	█	█	i
o	s	e	█	p	e	i	n	d	r	e
u	█	r	█	l	█	█	█	u	█	u
r	a	s	o	i	r	█	p	r	i	x

Solutions

No. 55

é	l	a	n	█	c	l	e	r	g	é
g	█	i	█	█	e	█	ê	█	█	c
l	a	m	p	e	█	n	e	v	e	u
i	█	e	█	x	█	t	█	e	█	s
s	e	r	v	i	t	e	u	r	█	█
e	█	█	s	█	m	█	█	a	█	█
█	█	e	n	t	r	e	t	i	e	n
o	█	n	█	e	█	n	█	m	█	n
s	i	n	o	n	█	t	r	a	c	é
e	█	u	█	c	█	█	g	█	█	e
r	u	i	n	e	s	█	t	e	l	s

No. 56

p	a	q	u	e	t	█	p	r	è	s
a	█	u	█	a	l	l	é	█	█	i
p	l	a	n	█	s	o	i	e	n	t
a	i	t	█	o	█	g	█	l	█	u
█	o	r	g	u	e	i	l	█	█	é
u	n	e	█	v	█	q	█	r	u	e
t	█	█	g	r	o	u	p	e	s	█
i	█	é	█	i	█	e	█	t	e	s
l	i	g	n	e	s	█	d	i	r	e
e	█	█	a	u	r	a	█	r	█	r
s	a	l	e	█	c	i	n	é	m	a

No. 57

a	d	r	e	s	s	e	█	s	e	c
g	█	e	█	a	█	█	u	█	█	h
i	d	i	o	t	█	h	a	i	n	e
█	█	n	█	e	█	o	█	v	█	v
r	█	s	p	l	e	n	d	i	d	e
é	█	█	l	█	o	█	█	█	█	u
p	a	u	p	i	è	r	e	s	█	x
o	█	s	█	t	█	a	█	a	█	█
n	o	i	r	e	█	b	â	t	o	n
d	█	n	█	█	l	█	i	█	█	u
u	n	e	█	s	i	e	n	n	e	s

No. 58

t	e	n	u	█	a	l	l	é	e	s
a	█	u	n	i	r	█	█	t	█	o
c	l	i	e	n	t	█	i	r	a	i
h	█	t	█	v	█	a	█	o	i	e
e	█	█	p	e	n	s	a	i	s	█
s	a	c	█	r	█	s	█	t	e	l
█	█	f	a	u	s	s	e	s	█	a
n	i	d	█	e	█	o	█	c	█	i
u	n	e	s	█	a	i	m	e	n	t
e	█	a	█	█	g	r	e	c	█	u
s	a	u	r	a	i	█	t	i	r	e

No. 59

c	r	i	m	e	s	█	m	a	r	s
e	█	m	█	m	█	█	s	█	█	a
c	h	a	m	p	█	s	a	i	s	i
i	█	g	█	ê	█	o	█	l	█	n
█	█	e	x	c	e	l	l	e	n	t
é	█	█	h	█	i	█	█	█	█	e
c	o	n	n	a	î	t	r	e	█	█
l	█	u	█	i	█	a	█	s	█	s
a	v	a	n	t	█	i	s	s	u	e
i	█	g	█	█	r	█	a	█	█	x
r	é	e	l	█	r	e	m	i	s	e

No. 60

f	r	e	i	n	█	r	e	p	a	s
a	█	a	█	v	█	█	e	█	█	i
b	r	u	s	q	u	e	█	t	ô	t
l	█	i	█	s	u	b	i	█	█	u
e	█	f	e	u	█	x	█	t	█	é
█	s	o	n	█	█	n	e	t	█	█
c	█	r	█	t	█	c	a	s	█	q
o	█	m	i	e	n	█	ï	█	█	u
q	u	e	█	s	u	r	f	a	c	e
u	█	n	█	█	l	█	█	m	█	u
e	n	t	r	é	█	c	r	i	m	e

Solutions

No. 61

g	a	r	ç	o	n	■	c	h	a	t
r	■	o	■	i	r	a	i	■	■	i
a	z	u	r	■	d	é	s	e	r	t
s	o	l	■	a	■	d	■	r	■	r
■	n	e	r	v	e	u	x	■	■	e
m	e	r	■	a	■	i	■	d	o	s
e	■	■	p	i	e	r	r	e	s	■
n	■	a	■	e	■	e	■	s	e	s
a	v	i	o	n	s	■	ê	t	r	e
c	■	s	i	t	e	■	i	■	■	x
é	p	é	e	■	c	h	a	n	c	e

No. 62

s	t	r	a	t	é	g	i	e	■	i
■	a	■	r	■	■	l	■	■	■	l
p	■	c	l	o	s	■	s	e	u	l
o	s	e	■	t	■	f	■	a	■	u
l	■	■	a	t	t	a	q	u	e	s
i	■	r	■	o	■	v	■	x	■	t
t	r	a	h	i	s	o	n	■	■	r
e	■	v	■	r	■	r	■	â	n	e
s	a	i	n	■	f	i	l	m	■	s
s	■	■	é	■	■	t	■	e	■	■
e	■	r	e	n	v	e	r	s	e	r

No. 63

d	i	s	p	a	r	u	■	a	r	t
o	■	a	■	s	■	■	r	■	r	■
n	u	i	t	s	■	v	e	r	r	a
■	■	n	■	u	■	i	■	ê	■	v
t	■	t	e	r	r	e	s	t	r	e
r	■	■	a	■	i	■	■	■	r	■
é	t	e	r	n	e	l	l	e	■	s
s	■	x	■	c	■	l	■	n	■	■
o	r	a	g	e	■	a	c	c	è	s
r	■	c	■	■	r	■	r	■	■	i
s	o	t	■	r	a	d	i	e	u	x

No. 64

v	o	i	x	■	v	o	y	a	g	e
a	■	d	■	■	b	■	r	■	■	x
s	a	i	s	i	■	s	e	r	a	i
t	■	o	■	n	■	t	■	ê	■	l
e	n	t	e	n	d	a	i	t	■	■
s	■	■	o	■	c	■	■	■	é	■
■	e	x	c	e	l	l	e	n	t	■
i	■	n	■	e	■	e	■	r	■	e
d	i	v	i	n	■	s	e	r	v	i
é	■	o	■	c	■	■	e	■	■	n
e	x	i	g	e	r	■	p	r	ê	t

No. 65

■	é	c	h	a	p	p	e	r	■	■
é	■	■	i	■	i	■	s	■	■	■
t	a	i	r	e	■	p	i	s	■	h
r	■	c	■	r	u	e	■	a	■	o
a	m	i	e	■	t	■	b	i	e	n
n	■	■	s	u	i	t	e	■	■	n
g	a	n	t	■	l	■	l	u	n	e
e	■	ô	■	m	e	r	■	n	■	u
s	■	t	o	i	■	o	d	e	u	r
■	■	r	■	e	■	i	■	■	■	s
■	j	e	u	n	e	s	s	e	■	■

No. 66

l	i	b	e	r	t	é	■	p	l	i
a	■	x	■	■	p	■	o	■	■	v
s	o	c	i	é	t	é	■	u	■	r
■	■	g	■	o	e	u	v	r	e	■
p	i	r	e	■	n	■	■	o	■	s
e	■	a	r	c	■	s	o	i	■	s
r	■	p	■	f	■	p	r	i	e	■
d	é	p	u	t	é	■	é	■	■	■
a	■	o	■	r	e	g	r	e	t	s
i	■	r	■	è	■	■	e	■	■	o
t	ô	t	■	s	e	r	r	a	n	t

Solutions

No. 67

```
t a r d e r ■ n i e r
o ■ e ■ x ■ ■ r ■ ■ e
i d i o t ■ é p a i s
t ■ n ■ é t ■ i ■ ■ t
■ ■ s e r v i e t t e
p ■ ■ ■ i ■ n ■ ■ ■ r
r e c h e r c h e ■ ■
i ■ o ■ u ■ e ■ n ■ v
s u e u r ■ l i v r e
e ■ u ■ ■ l ■ i ■ ■ n
s o r t ■ r e t e n u
```

No. 68

```
é c l a t a n t e ■ a
■ ■ i ■ i ■ ■ a ■ ■ d
i ■ o s e r ■ s o i r
n o n ■ n ■ f ■ u ■ e
d ■ ■ e n t i è r e s
i ■ p ■ e ■ d ■ s ■ s
v o l o n t é s ■ ■ a
i ■ a ■ t ■ l ■ m o n
d o n s ■ f i x e ■ t
u ■ ■ û ■ ■ t ■ n ■ ■
s ■ p r o c é d u r e
```

No. 69

```
l i é s ■ l i v r é e
i ■ m o d e ■ ■ è ■ l
s e u l e s ■ é g a l
a ■ e ■ m ■ v ■ l i e
i ■ ■ r a p i d e s ■
t o n ■ n ■ c ■ s e c
■ s o l d a t s ■ ■ a
f e r ■ e ■ i ■ r ■ u
a r m é ■ a m o u r s
i ■ a ■ ■ r e n d ■ e
t a l e n t ■ t e l s
```

No. 70

```
s i e n ■ p a r l e z
e ■ a ■ ■ i ■ i ■ ■ é
n o u r r i r ■ m e r
t ■ ■ i ■ ■ ■ i ■ ■ o
i c i ■ a i e n t ■ ■
r ■ t ■ n ■ n ■ e ■ a
a ■ l ■ ■ ■ e ■ ■ ■ n
m o i ■ p a r t a g e
a ■ e ■ a ■ ■ g ■ ■ a
s o n o r e ■ a i g u
```

No. 71

```
n o u v e l ■ v e u t
o ■ n ■ x ■ ■ n ■ ■ r
u n i t é ■ v a c h e
s ■ e ■ c ■ i ■ r ■ n
■ ■ s e u l e m e n t
p ■ ■ ■ t ■ i ■ ■ ■ e
r é v e i l l e r ■ ■
o ■ o ■ o ■ l ■ è ■ f
m a t i n ■ a i g l e
p ■ e ■ ■ r ■ ■ r ■ u
t a r d ■ a d i e u x
```

No. 72

```
s e p t ■ m o q u e r
u ■ l a m e ■ ■ t ■ u
b a i s e r ■ f i l s
t ■ s ■ u ■ l ■ l i e
i ■ ■ t r o u v e r ■
l a c ■ t ■ m ■ s e c
■ n o u r r i r ■ ■ h
â g e ■ e ■ è ■ i ■ i
p e u x ■ o r a n g e
r ■ r ■ ■ s e n s ■ n
e s s a y é ■ s u i s
```

Solutions

No. 73

é	c	o	u	t	é	█	f	a	i	s
g	█	u	█	r	█	█	█	v	█	o
a	s	t	r	e	█	b	r	a	v	e
l	█	r	█	m	█	l	█	i	█	u
█	█	e	m	b	r	a	s	s	e	r
v	█	█	l	█	n	█	█	█	█	s
i	n	s	t	a	n	c	e	s	█	█
s	█	u	█	i	█	h	█	u	█	j
i	d	i	o	t	█	e	x	i	g	e
o	█	t	█	█	█	u	█	v	█	t
n	i	e	r	█	a	r	r	i	v	é

No. 74

t	i	m	b	r	e	█	p	a	r	u
y	█	o	█	é	█	█	█	i	█	t
p	è	r	e	s	█	l	u	n	d	i
e	█	t	█	u	█	e	█	s	█	l
█	█	s	p	l	e	n	d	i	d	e
a	█	█	t	█	d	█	█	█	█	s
d	i	c	t	a	t	e	u	r	█	█
o	█	o	█	t	█	m	█	u	█	p
r	e	p	o	s	█	a	v	i	d	e
e	█	i	█	█	█	i	█	n	█	a
r	u	e	s	█	a	n	n	e	a	u

No. 75

s	i	e	n	█	f	a	u	d	r	a
u	█	a	u	b	e	█	█	é	█	m
c	o	u	l	e	r	█	ê	t	r	e
c	█	x	█	s	█	p	█	a	i	r
è	█	█	n	o	u	r	r	i	r	█
s	a	c	█	i	█	a	█	l	e	s
█	m	o	n	n	a	i	e	█	█	û
o	i	e	█	s	█	r	█	a	█	r
s	e	u	l	█	d	i	v	i	n	e
e	█	r	█	█	o	e	i	l	█	t
r	e	s	t	e	s	█	l	e	v	é

No. 76

f	a	i	s	a	n	t	█	s	o	t
o	█	i	█	█	u	█	e	█	█	o
i	m	a	g	i	n	é	█	c	█	r
█	█	n	█	e	s	p	r	i	t	█
b	a	s	e	█	z	█	█	è	█	u
a	█	a	r	t	█	n	e	t	█	r
t	█	l	█	█	i	█	s	e	x	e
t	r	a	f	i	c	█	t	█	█	█
a	█	i	█	v	i	e	i	l	l	e
i	█	r	█	r	█	█	m	█	█	a
t	u	e	█	e	n	t	e	n	d	u

No. 77

c	o	i	n	█	f	r	é	m	i	r
i	█	d	u	r	e	█	█	a	█	u
t	r	é	s	o	r	█	c	i	m	e
r	█	e	█	c	█	i	█	s	e	s
o	█	█	c	h	a	n	s	o	n	█
n	i	d	█	e	█	u	█	n	u	l
█	r	e	g	r	e	t	s	█	█	é
v	a	s	█	s	█	i	█	a	█	g
a	i	s	é	█	p	l	a	c	é	e
s	█	i	█	█	l	e	n	t	█	r
e	n	n	e	m	i	█	s	e	n	s

No. 78

r	a	s	o	i	r	█	t	u	e	r
u	█	o	█	d	█	█	█	s	█	e
s	o	u	p	e	█	t	r	a	i	n
e	█	c	█	n	█	e	█	g	█	a
█	█	i	n	t	é	r	i	e	u	r
é	█	█	█	i	█	r	█	█	█	d
v	a	i	n	q	u	e	u	r	█	█
i	█	m	█	u	█	s	█	e	█	m
t	r	a	c	e	█	t	o	i	l	e
e	█	g	█	█	█	r	█	n	█	t
r	u	e	s	█	r	e	v	e	r	s

Solutions

No. 79

r	u	s	s	e	■	c	o	e	u	r
è	■	u	■	■	t	■	■	n	■	o
g	a	r	d	i	e	n	■	l	e	s
n	■	■	u	■	l	u	x	e	■	é
e	■	p	e	u	■	l	■	v	■	e
■	m	a	l	■	■	m	e	t	■	■
l	■	r	■	f	■	c	a	r	■	f
o	■	f	o	i	s	■	r	■	■	u
c	o	u	■	n	a	t	i	o	n	s
a	■	m	■	■	c	■	■	s	■	i
l	i	s	t	e	■	i	d	é	a	l

No. 80

a	p	p	a	r	e	i	l	s	■	s
■	■	a	■	e	■	■	i	■	■	t
a	■	v	o	n	t	■	t	u	e	r
c	l	é	■	v	■	é	■	n	■	a
c	■	■	c	o	n	t	i	e	n	t
o	■	e	■	y	■	e	■	s	■	é
m	a	l	h	e	u	r	s	■	■	g
p	■	l	■	r	■	n	■	l	u	i
l	i	e	n	■	m	i	d	i	■	e
i	■	■	é	■	■	t	■	e	■	■
r	■	p	e	r	p	é	t	u	e	l

No. 81

o	e	i	l	■	v	a	g	u	e	s
p	■	d	e	m	i	■	■	t	■	a
p	o	é	s	i	e	■	m	i	d	i
o	■	e	■	r	■	j	■	l	i	t
s	■	■	p	a	r	o	l	e	s	■
é	t	é	■	c	■	u	■	s	e	s
■	i	t	a	l	i	e	n	■	■	e
â	g	e	■	e	■	u	■	s	■	u
m	e	n	é	■	o	r	t	e	i	l
e	■	d	■	■	u	s	e	r	■	e
s	a	u	r	a	i	■	s	a	i	s

No. 82

p	a	r	t	i	s	a	n	s	■	d
■	■	ê	■	g	■	■	u	■	■	é
é	■	v	e	n	u	■	l	a	i	t
t	u	é	■	o	■	o	■	m	■	o
i	■	■	t	r	o	u	p	e	a	u
n	■	a	■	a	■	v	■	r	■	r
c	a	r	r	i	è	r	e	■	■	n
e	■	m	■	t	■	i	■	q	u	e
l	i	e	n	■	r	e	ç	u	■	r
l	■	■	o	■	■	r	■	o	■	■
e	■	i	n	j	u	s	t	i	c	e

No. 83

c	o	u	l	a	i	t	■	p	o	t
a	■	■	e	■	ê	■	r	■	a	
r	e	s	t	e	n	t	■	é	■	l
■	■	■	t	■	o	e	u	v	r	e
s	o	i	r	■	s	■	■	o	■	n
e	■	t	e	l	■	a	g	i	■	t
c	■	a	■	■	f	■	a	r	t	s
o	b	l	i	g	é	■	i	■	■	
u	■	i	■	r	e	v	e	n	i	r
r	■	e	■	e	■	■	t	■	u	
s	o	n	■	c	o	m	é	d	i	e

No. 84

u	t	i	l	e	s	■	r	u	e	s
n	■	s	■	x	■	■	t	■	o	
e	s	s	a	i	■	m	o	i	n	e
s	■	u	■	s	■	u	■	l	■	u
■	■	e	x	t	é	r	i	e	u	r
t	■	■	e	■	a	■	■	■	s	
e	s	s	e	n	t	i	e	l	■	■
m	■	e	■	c	■	l	■	a	■	c
p	l	u	i	e	■	l	i	v	r	e
l	■	i	■	■	e	■	e	■	n	
e	l	l	e	■	e	s	p	r	i	t

Solutions

No. 85

v	o	y	o	n	s	■	p	a	y	e
o	■	a	■	o	s	e	r	■	s	
t	r	o	p	■	t	o	u	t	e	s
e	a	u	■	a	■	r	■	s	■	a
■	c	r	a	v	a	t	e	■	■	y
m	e	t	■	a	■	a	■	g	r	é
e	■	■	r	i	v	i	è	r	e	■
n	■	a	■	e	■	t	■	o	n	t
a	v	i	o	n	s	■	r	u	d	e
c	■	s	i	t	e	■	■	p	■	l
é	p	é	e	■	s	u	j	e	t	s

No. 86

v	i	t	e	■	a	p	p	u	y	é
i	■	r	a	v	i	■	■	t	■	p
a	v	o	u	e	r	■	c	i	t	é
n	■	u	■	l	■	p	■	l	i	e
d	■	■	c	o	l	l	i	e	r	■
e	s	t	■	u	■	a	■	s	e	c
■	o	u	v	r	a	i	t	■	■	o
f	i	n	■	s	■	n	■	r	■	n
l	e	n	t	■	j	e	t	a	n	t
o	■	e	■	■	u	s	e	r	■	e
t	e	l	l	e	s	■	l	e	u	r

No. 87

■	a	t	t	e	n	t	a	t	s	■
a	■	a	■	l	■	o	■	h	■	e
f	o	i	■	l	■	i	d	é	e	s
f	■	r	u	e	s	■	a	■	■	s
r	u	e	■	■	a	■	t	ê	t	e
o	■	■	f	i	l	l	e	■	■	n
n	o	t	e	■	u	■	■	l	i	t
t	■	■	r	■	t	i	g	e	■	i
e	s	s	a	i	■	v	■	v	u	e
r	■	e	■	l	■	r	■	e	■	l
■	p	l	u	s	i	e	u	r	s	■

No. 88

c	e	l	u	i	■	é	l	e	v	é
l	■	a	■	■	s	■	n	■	t	
e	x	c	u	s	e	r	■	l	o	i
f	■	■	n	■	l	i	r	e	■	e
s	■	o	i	e	■	z	■	v	■	z
■	p	u	r	■	■	d	e	s	■	
e	■	b	■	p	■	m	u	r	■	s
f	■	l	o	i	n	■	r	■	■	u
f	o	i	■	s	u	p	e	r	b	e
e	■	e	■	■	e	■	■	u	■	u
t	e	r	r	e	■	f	l	e	u	r

No. 89

t	o	m	b	e	a	u	■	t	a	s
u	■	■	e	■	■	s	■	e	■	u
é	c	h	a	p	p	e	■	r	■	r
■	■	■	u	■	a	r	b	r	e	s
f	a	i	t	■	r	■	■	e	■	a
a	■	n	é	e	■	f	o	u	■	u
i	■	j	■	■	p	■	p	r	ê	t
b	o	u	c	h	e	■	p	■	■	■
l	■	r	■	a	u	t	o	b	u	s
e	■	e	■	i	■	s	■	■	■	u
s	e	s	■	e	s	p	é	r	e	r

No. 90

c	o	u	■	a	p	p	r	e	n	d
h	■	s	■	■	r	■	x	■	è	
a	v	a	r	e	■	é	t	a	i	s
n	■	g	■	m	■	p	■	c	■	
t	r	e	m	b	l	a	n	t	■	c
e	■	■	■	r	■	r	■	■	h	
r	■	t	r	a	v	a	i	l	l	e
■	■	o	■	s	■	i	■	o	■	v
p	u	i	t	s	■	t	a	n	t	e
u	■	t	■	e	■	■	■	g	■	u
r	é	s	e	r	v	é	■	s	i	x

Solutions

No. 91

	a	n	g	o	i	s	s	e	s	
s		u		s		a		s		b
a	m	e	n	é		l		s	e	l
c			u		f	e	r	a		e
r	a	c	e		a			i	l	s
i			s	a	b	l	e			s
f	é	e			l		l	i	e	u
i		r	ô	l	e		l			r
c	a	r		i		g	e	n	r	e
e		e		e		a		o		s
	p	r	e	n	a	i	e	n	t	

No. 92

b	i	l	l	e	t		v	o	i	r
r		u			a	v	i	s		e
a	m	e	r		s	o	l	e	i	l
s	o	u		a		y		r		è
	d	r	a	p	e	a	u			v
c	e	s		p		g		l	i	e
i		r	e	t	e	n	i	r		
n		s		l		r		b	a	s
é	t	a	g	e	s		p	r	i	e
m		g	a	r	e			e		n
a	v	e	z		c	a	u	s	e	s

No. 93

a	b	r	i		s	t	a	t	u	e
b		a	c	t	e			r		x
s	o	c	i	a	l		m	a	r	i
o		e		l		b		f	i	l
l			r	e	v	e	n	i	r	
u	n	e		n		a		c	e	s
	o	r	a	t	e	u	r			u
s	u	r		s		t		r		j
o	s	e	r		m	é	n	a	g	e
u		u		u	s	e	r			t
s	o	r	t	i	r		t	e	l	s

No. 94

t	a	p	i	s		t	e	i	n	t
â		e			p			n		i
c	a	u	s	a	i	t		f	û	t
h			e		s	u	b	i		r
e		v	u	e		é		n		e
	m	a	l				v	i	f	
a		i		a		f	é	e		p
i		n	u	i	t		l			o
l	a	c		r	e	p	o	s	e	r
e		r			l			o		t
s	i	e	n	s		f	o	u	l	e

No. 95

v	e	n	u		p	r	o	u	v	é
a		o	n	d	e			t		p
g	â	t	e	a	u		c	i	t	é
u		e		n		s		l	i	e
e			i	g	n	o	r	e	r	
s	o	n		e		i		s	e	c
	s	o	u	r	i	r	e			e
m	e	r		s		é		m		n
a	r	m	é		r	e	t	a	r	d
i		a			u	s	e	r		r
s	o	l	i	d	e		l	i	r	e

No. 96

a	u	r	a	i		a	c	t	i	f
u		u			b			a		o
s	i	e	n	n	e	s		b	o	l
s			o		c	i	e	l		i
i		v	u	s		x		i		e
	p	a	s				j	e	u	
g		i		s		p	u	r		f
a		n	u	e	s		g			l
l	a	c		l	u	n	e	t	t	e
o		r			d			ô		u
p	i	e	d	s		c	i	t	e	r

No. 97

i	s	o	l	e	m	e	n	t	■	p
■	u	■	x	■	o	■	■	■	■	o
d	■	r	i	e	n	■	n	o	i	r
i	l	s	■	r	■	s	■	n	■	t
f	■	■	a	c	c	o	r	d	e	r
f	■	a	■	i	■	u	■	e	■	a
i	m	b	é	c	i	l	e	■	■	i
c	■	u	■	e	■	a	■	b	u	t
i	n	s	u	■	é	g	a	l	■	s
l	■	■	n	■	■	e	■	e	■	■
e	■	r	e	m	a	r	q	u	e	r

No. 98

■	■	c	h	a	m	p	i	o	n	■
n	■	■	i	■	e	■	u	■	■	■
a	b	o	r	d	■	a	r	t	■	a
u	■	i	■	é	m	u	■	r	■	r
f	i	e	r	■	a	■	d	e	n	t
r	■	u	s	i	n	e	■	■	■	i
a	r	m	e	■	r	■	s	a	n	s
g	■	o	■	b	e	c	■	m	■	t
e	■	n	u	e	■	h	a	i	n	e
■	t	■	a	■	a	■	■	■	■	s
■	r	é	s	u	l	t	a	t	■	■

No. 99

f	a	t	a	l	■	j	a	d	i	s
o	■	ô	■	œ	■	é	■	■	■	e
r	e	t	e	n	u	e	■	t	o	n
ê	■	■	a	■	f	u	i	r	■	t
t	■	v	u	s	■	x	■	u	■	i
■	d	i	x	■	■	■	l	i	é	■
r	■	v	■	s	■	m	o	t	■	h
i	■	a	v	e	c	■	u	■	■	é
v	i	n	■	c	o	m	p	t	e	r
a	■	t	■	■	q	■	■	a	■	o
l	i	e	u	x	■	r	o	s	e	s

No. 100

c	o	m	b	a	t	s	■	c	e	t
a	■	■	e	■	■	e	■	o	■	e
r	é	p	a	r	e	r	■	l	■	r
■	■	u	■	s	a	v	o	i	r	■
c	h	a	t	■	t	■	■	n	■	e
e	■	f	é	e	■	g	a	i	■	u
n	■	f	■	b	■	l	e	u	r	■
t	r	a	i	t	e	■	l	■	■	■
r	■	i	■	a	c	t	i	o	n	s
a	■	r	■	r	■	é	■	■	■	o
l	i	e	■	d	e	s	s	e	i	n

No. 101

d	e	v	a	n	t	■	c	r	é	é
e	■	e	■	a	b	r	i	■	■	t
m	i	n	e	■	s	o	u	r	d	e
i	r	a	■	v	■	u	■	e	■	n
■	a	n	n	o	n	c	e	■	■	d
a	i	t	■	y	■	l	■	s	o	u
s	■	■	m	a	t	e	l	a	s	■
s	■	p	■	g	■	s	■	l	e	s
a	v	o	u	e	r	■	p	u	r	e
u	■	i	n	s	u	■	e	■	■	p
t	e	l	s	■	e	s	p	r	i	t

No. 102

a	■	c	o	m	b	a	t	t	r	e
b	■	a	■	■	a	■	■	r	■	■
a	u	b	e	■	s	é	j	o	u	r
n	■	i	■	a	■	c	■	p	■	é
d	■	n	o	m	b	r	e	■	■	s
o	s	e	■	o	u	i	■	e	a	u
n	■	l	u	t	t	e	r	■	■	l
n	■	m	■	r	■	s	■	r	■	t
é	p	u	i	s	é	■	f	e	r	a
■	■	e	■	■	m	■	■	u	■	t
r	e	t	r	o	u	v	e	r	■	s

Solutions

```
⬛ ⬛ s é r i e u s e
a  ⬛ ⬛ u ⬛ a ⬛ o ⬛ ⬛
v  i e n s ⬛ u n e v
a  ⬛ a ⬛ e u x ⬛ u ⬛ i
n  e u f ⬛ s ⬛ t r è s
ç  ⬛ ⬛ é t a p e ⬛ ⬛ i
a  i d e ⬛ g ⬛ s o i t
i  ⬛ é ⬛ m e r ⬛ u ⬛ e
t  ⬛ l u i ⬛ a d i e u
⬛ ⬛ a ⬛ e ⬛ n ⬛ ⬛ ⬛ r
⬛ v i l l a g e s ⬛
```

```
c ô t e s ⬛ b a t t u
h ⬛ e ⬛ ⬛ s ⬛ ⬛ e ⬛ s
a l l u m e r ⬛ m a i
n ⬛ ⬛ s ⬛ l o u p ⬛ n
t ⬛ f e u ⬛ i ⬛ ê ⬛ e
⬛ f e r ⬛ ⬛ ⬛ é t é ⬛
j ⬛ r ⬛ â ⬛ â g e ⬛ f
u ⬛ m è n e ⬛ a ⬛ ⬛ r
g a i ⬛ e s c l a v e
e ⬛ e ⬛ ⬛ t ⬛ ⬛ g ⬛ i
s o r t e ⬛ u n i o n
```

```
a n i m a l ⬛ a i r s
m ⬛ m ⬛ ⬛ a g i r ⬛ i
a v i s ⬛ s e r a i t
s o t ⬛ s ⬛ s ⬛ i ⬛ u
⬛ t e m p ê t e ⬛ ⬛ é
m e r ⬛ é ⬛ i ⬛ o s e
a ⬛ ⬛ o c t o b r e ⬛
r ⬛ b ⬛ i ⬛ n ⬛ a n s
c h e v a l ⬛ i n s u
h ⬛ a i l e ⬛ ⬛ g ⬛ i
é m u e ⬛ s a v e n t
```

```
c r o y e z ⬛ v a u t
e ⬛ b ⬛ ⬛ ⬛ s ⬛ v ⬛ o
r ô l e ⬛ r i d e a u
f ⬛ i ⬛ m ⬛ l ⬛ u ⬛ c
⬛ i g n o r e r ⬛ ⬛ h
c ⬛ é ⬛ d ⬛ n ⬛ e ⬛ é
i ⬛ ⬛ d e s c e n d ⬛
n ⬛ j ⬛ s ⬛ e ⬛ t ⬛ m
é c o u t e ⬛ p r i e
m ⬛ l ⬛ e ⬛ ⬛ é ⬛ n
a g i r ⬛ p o t e a u
```

```
r é v e i l ⬛ s a i t
i ⬛ o ⬛ ⬛ i r a i ⬛ i
e a u x ⬛ s e c r e t
n u l ⬛ r ⬛ f ⬛ s ⬛ r
⬛ r e t e n u e ⬛ ⬛ e
g a z ⬛ v ⬛ s ⬛ a n s
o ⬛ ⬛ r ê v e r i e ⬛
û ⬛ o ⬛ t ⬛ r ⬛ m u r
t e n n i s ⬛ c a f é
e ⬛ d u r e ⬛ ⬛ n ⬛ e
r u e s ⬛ s u b t i l
```

```
a i m é ⬛ m o n t é e
b ⬛ ê t r e ⬛ ⬛ r ⬛ x
a r m é e s ⬛ m a r i
t ⬛ e ⬛ l ⬛ m ⬛ f i l
t ⬛ ⬛ r e t e n i r ⬛
u n s ⬛ v ⬛ s ⬛ c e s
⬛ o i s e a u x ⬛ ⬛ o
a i t ⬛ r ⬛ r ⬛ c ⬛ l
b r u n ⬛ r e f u g e
r ⬛ é ⬛ ⬛ u s e r ⬛ i
i n e r t e ⬛ r é e l
```

Solutions

No. 109

```
.  p  r  o  m  e  t  t  r  e  .
a  .  u  a  .  h  u  .  r
n  u  s  .  i  .  é  l  e  v  é
g  .  s  a  n  s  .  e  .  .  v
o  i  e  .  .  a  .  v  o  i  e
i  .  c  a  c  h  é  .  .  i
s  û  r  e  .  r  .  s  e  l
s  .  c  .  é  c  h  o  .  l
e  n  f  i  n  .  o  .  n  u  e
s  .  e  .  o  .  i  .  g  .  r
.  c  u  i  s  i  n  i  e  r  .
```

No. 110

```
e  m  p  o  r  t  a  i  t  .  b
.  a  .  e  .  .  r  .  .  l
é  v  i  t  e  .  a  i  l  e
t  u  é  .  a  .  q  .  r  .  s
i  .  .  t  r  o  u  v  a  i  s
n  .  c  .  d  .  e  .  i  .  u
c  h  a  p  e  l  l  e  .  .  r
e  .  f  .  r  .  q  .  o  s  e
l  i  é  s  .  o  u  r  s  .  s
l  .  .  o  .  .  e  .  e  .  .
e  .  m  i  n  i  s  t  r  e  s
```

No. 111

```
j  o  l  i  .  m  a  s  s  e  s
a  .  a  .  .  i  .  e  .  i
r  e  s  p  e  c  t  .  n  e  t
d  .  .  x  .  .  t  .  e
i  c  i  .  a  u  r  a  i  .
n  .  n  .  c  .  a  .  e  .  o
.  .  f  u  t  u  r  .  r  o  i
u  .  i  .  .  e  .  .  .  s
s  o  n  .  v  i  s  i  b  l  e
e  .  i  .  o  .  .  a  .  a
r  u  e  l  l  e  .  b  l  e  u
```

No. 112

```
p  a  s  .  c  o  m  b  i  e  n
é  .  a  .  .  a  .  m  .  e
n  o  t  e  s  .  g  é  a  n  t
é  .  i  .  t  .  i  .  g  .  .
t  e  n  d  r  e  s  s  e  .  a
r  .  .  u  .  t  .  .  .  n
é  .  i  n  c  e  r  t  a  i  n
.  .  d  .  t  .  a  .  v  .  o
p  r  é  v  u  .  t  r  a  i  n
u  .  e  .  r  .  .  n  .  c
r  e  s  p  e  c  t  .  t  u  é
```

No. 113

```
c  .  s  e  n  s  a  t  i  o  n
a  .  o  .  u  .  .  n  .  .
s  e  u  l  .  r  a  i  s  o  n
s  .  r  .  p  .  m  .  u  .  é
e  .  c  a  u  s  e  s  .  .  a
r  u  e  .  d  o  n  .  b  o  n
o  .  .  r  e  t  e  n  u  .  m
l  .  a  .  u  .  r  .  r  .  o
e  f  f  o  r  t  .  c  e  c  i
.  .  i  .  .  o  .  .  a  .  n
c  o  n  v  a  i  n  c  u  .  s
```

No. 114

```
b  e  s  o  i  n  .  l  a  m  e
e  .  o  .  .  i  r  a  i  .  n
a  i  l  e  .  d  e  s  s  i  n
u  n  e  .  a  .  g  .  é  .  e
.  s  i  n  c  è  r  e  .  .  m
n  u  l  .  h  .  e  .  o  u  i
o  .  .  s  e  n  t  a  i  s  .
t  .  p  .  t  .  s  .  s  e  c
i  m  i  t  e  r  .  s  e  r  a
o  .  p  a  r  u  .  .  a  .  g
n  u  e  s  .  e  x  c  u  s  e
```

Solutions

No. 115

a	z	u	r	■	e	s	p	r	i	t
c	■	n	■	■	i	■	e	■	■	o
c	h	e	v	a	u	x	■	m	a	i
u	■	■	u	■	■	■	o	■	■	t
s	e	l	■	s	i	e	u	r	■	■
é	■	e	■	s	■	s	■	d	■	d
■	■	n	o	i	r	s	■	■	s	o	i
a	■	t	■	■	■	a	■	■	■	v
v	i	e	■	o	r	i	g	i	n	e
i	■	u	■	u	■	■	■	c	■	r
s	o	r	t	i	r	■	f	i	n	s

No. 116

p	l	e	u	r	e	■	d	a	t	e
a	■	x	■	e	■	■	■	r	■	x
p	o	i	n	g	■	i	r	a	i	t
a	■	g	■	a	■	m	■	b	■	a
■	■	e	u	r	o	p	é	e	n	s
é	■	■	■	d	■	u	■	■	■	e
c	o	u	p	a	b	l	e	s	■	■
l	■	s	■	i	■	s	■	t	■	r
a	m	a	n	t	■	i	m	a	g	e
i	■	g	■	■	■	o	■	d	■	n
r	u	e	s	■	e	n	t	e	n	d

No. 117

p	a	s	s	é	e	■	l	a	i	d
i	■	o	■	p	■	■	u	■	■	é
p	r	i	e	r	■	p	e	r	l	e
e	■	n	■	o	■	r	■	a	■	s
■	■	s	o	u	v	e	n	i	r	s
a	■	■	v	■	m	■	■	■	■	e
t	e	n	t	a	t	i	v	e	■	■
t	■	u	■	i	■	è	■	n	■	a
e	x	a	c	t	■	r	a	v	i	r
n	■	g	■	■	■	e	■	o	■	m
d	u	e	l	■	e	s	t	i	m	e

No. 118

c	h	a	n	t	e	■	s	e	r	t
e	■	c	■	e	■	■	■	l	■	o
c	i	t	e	r	■	f	a	l	l	u
i	■	i	■	r	■	é	■	e	■	t
■	■	f	a	i	b	l	e	s	s	e
t	■	■	■	b	■	i	■	■	■	s
r	e	m	p	l	a	c	e	r	■	■
a	■	e	■	e	■	i	■	è	■	s
f	o	n	d	s	■	t	i	g	r	e
i	■	■	■	■	■	e	■	n	■	n
c	u	r	é	■	a	r	d	e	n	t

No. 119

f	a	v	o	r	a	b	l	e	■	r
■	■	a	■	é	■	a	■	■	■	i
a	■	i	n	s	u	■	c	h	o	c
m	e	s	■	u	■	e	■	a	■	h
é	■	■	b	l	e	s	s	u	r	e
r	■	u	■	t	■	c	■	t	■	s
i	n	s	t	a	l	l	é	■	■	s
c	■	e	■	t	■	a	■	f	é	e
a	i	r	s	■	a	v	e	u	■	s
i	■	■	o	■	■	e	■	i	■	■
n	■	m	i	n	i	s	t	r	e	s

No. 120

p	r	o	j	e	t	■	a	i	m	e
l	■	r	■	■	a	g	i	r	■	x
a	r	t	s	■	s	e	r	a	i	t
t	u	e	■	e	■	s	■	i	■	a
■	■	d	i	g	n	i	t	é	■	s
t	e	l	■	s	■	i	■	n	u	e
a	■	■	a	u	t	o	b	u	s	■
n	■	p	■	i	■	n	■	m	e	s
t	r	i	s	t	e	■	z	é	r	o
ô	■	r	u	e	s	■	■	r	■	i
t	u	e	r	■	t	é	m	o	i	n

Learn

couteau — knife
estomac — stomach
rasoir — razor

Printed in Great Britain
by Amazon